Jacques Duchesneau sur le qui-vive

Dans la collection « Création & Gestion »

Jacqueline Cardinal et Laurent Lapierre, *Noblesse oblige. L'histoire d'un couple en affaires*, 2006.

Jacqueline Cardinal et Laurent Lapierre

Jacques Duchesneau sur le qui-vive

L'audace dans l'action

Catalogage avant publication de Bibliothèque et Archives Canada
Cardinal, Jacqueline

Jacques Duchesneau sur le qui-vive : l'audace dans l'action

(Création et gestion)

ISBN-13 : 978-2-89381-964-8
ISBN-10 : 2-89381-964-8

1. Duchesneau, Jacques, 1949-. 2. Chefs de police — Québec (Province) — Montréal — Biographies. 3. Policiers de l'air — Québec (Province) — Biographies. I. Lapierre, Laurent. II. Titre. III. Collection.

HV7911.D82C37 2006 363.2092 C2006-940888-2

Photographie de la couverture : Collection personnelle de Jacques Duchesneau
Graphisme de la couverture : Cyclone Design
Photographies : Collection personelle de Jacques Duchesneau
Photographie de Jacqueline Cardinal : © Photo-Maître
Photographie de Laurent Lapierre : © Robert Lipman, gracieuseté du Conseil des Arts du Canada

Remerciements
Les Éditions Logiques reconnaissent l'aide financière du gouvernement du Canada par l'entremise du Programme d'aide au développement de l'industrie de l'édition (PADIÉ) pour ses activités d'édition. Nous remercions le Conseil des Arts du Canada et la Société de développement des entreprises culturelles du Québec (SODEC) du soutien accordé à notre programme de publication. Gouvernement du Québec – Programme de crédit d'impôt pour l'édition de livres – gestion SODEC.

Les Éditions Logiques
7, chemin Bates, Outremont (Québec) H2V 4V7
Téléphone : 514 849-5259
Télécopieur : 514 849-1388

Distribution au Canada
Messageries ADP
2315, rue de la Province
Longueuil (Québec) J4G 1G4
Téléphone : 450 640-1234
Sans frais : 1 800 771-3022

Dépôt légal – Bibliothèque et Archives nationales du Québec, 2006
ISBN-13 : 978-2-89381-964-8
ISBN-10 : 2-89381-964-8

Table

Attendre d'avoir le projet parfait pour partir, c'est se condamner à l'inaction. On le part et, ensuite, on le peaufine[1].

JACQUES DUCHESNEAU

1. À moins d'indication contraire, les citations sont tirées d'entrevues que Jacques Duchesneau a accordées aux auteurs les 23 janvier, 13 février et 28 mai 2004, le 5 août 2005 ainsi que le 1er mars 2006.

Avant-propos

Jacques Duchesneau a passé trente ans de sa vie au Service de police de la Communauté urbaine de Montréal (SPCUM), dont cinq à titre de directeur. Après avoir pris sa retraite en 1998, il a fait deux brèves incursions en politique et en affaires, où il ne s'est pas attardé. Policier dans l'âme, il est retourné dans le secteur d'activité qui lui est naturel, celui de la sûreté. Depuis octobre 2002, Duchesneau est président et chef de la direction de l'Administration canadienne de la sûreté du transport aérien (ACSTA). Sa responsabilité est de faire en sorte que dans les 89 aéroports désignés du Canada, les passagers qui entrent dans les avions autorisés à décoller ne soient d'aucune façon exposés à des risques d'attentat ni pour eux-mêmes, ni pour les autres passagers, ni pour le transporteur.

Il est à la tête d'une équipe de 250 employés permanents, chapeaute un effectif de 4 400 agents de contrôle, formés et certifiés comme tels, et gère un budget de près de 2 milliards de dollars sur cinq ans, lequel comprend, entre autres, l'acquisition, le déploiement et l'entretien des équipements de sûreté des aéroports, notamment les systèmes de détection d'explosifs.

Ce poste s'inscrit dans le droit fil de la carrière de celui qui, dès son enfance, rêvait d'être policier. L'audace et l'action comme moyens de contrer l'adversité ont toujours accompagné sa vie. Issu d'un milieu pauvre, « très pauvre », précise-t-il, il a connu dès sa plus tendre enfance un mode de vie précaire marqué par la faim, le froid, les imprévus, les déménagements nombreux, mais aussi par l'amour inconditionnel de ses parents, de ses deux frères et de ses trois sœurs. La débrouillardise, la solidarité du clan rapproché, l'honnêteté et la loyauté absolues sont chevillées au cœur de Jacques Duchesneau. Et elles guident son action dans tout ce qu'il entreprend.

Membre de l'Ordre du Canada depuis 1996, Jacques Duchesneau a été fait chevalier de l'Ordre National du Mérite de la France en septembre 2006[1]. Le premier honneur reconnaissait l'importance de sa contribution sociale et l'excellence de son travail à la tête d'un service de police canadien. La deuxième distinction, venue de France celle-là, témoigne de l'envergure internationale qu'a prise la carrière de Jacques Duchesneau au cours des dernières années. Un style de leadership fondé sur le sens des responsabilités, allié au goût de « l'audace dans l'action », marque le parcours exemplaire de ce fils d'un laitier qui rêvait de devenir policier.

Depuis sa fondation en février 2001, la Chaire de leadership Pierre-Péladeau de HEC Montréal poursuit ses recherches sur le leadership, plus précisément sur les leaders. En effet, contrairement à une approche

1. Deuxième Ordre national après celui de la Légion d'honneur, l'Ordre National du Mérite est aussi le plus jeune ordre français et le second Ordre de chevalerie (avec l'Ordre de la libération) à avoir été créé par le général De Gaulle. Le général De Gaulle signe le 3 décembre 1963 le décret instituant et organisant l'Ordre national du mérite destiné à récompenser les « mérites distingués » acquis soit dans une fonction publique, civile ou militaire, soit dans l'exercice d'une activité privée. Voir www.defense.gouv.fr.

théorique qui a cours dans certaines chapelles universitaires, nous croyons qu'il y a autant de styles de leadership qu'il y a de leaders, et que c'est en projetant dans l'action son univers intérieur, forcément unique, que chacun réussit à changer son milieu et à imposer ses valeurs.

À notre sens, la meilleure façon d'apprendre sur la nature profonde de ce phénomène fascinant qu'est le leadership est donc d'écouter ce que les leaders eux-mêmes ont à dire et de rendre accessible leur intelligence de l'action non seulement aux universitaires mais également au grand public. Puisque le leadership concerne tout le monde, la Chaire a choisi de diffuser les résultats de ses travaux (biographies, études de cas et textes courts) non seulement dans les revues arbitrées et spécialisées, mais aussi dans les médias de masse, c'est-à-dire les journaux quotidiens à grand tirage et les chaînes de télévision. Une série d'articles courts, présentant des portraits de leaders, a été publiée dans le journal *La Presse*, et fera l'objet d'une édition regroupée. Par ailleurs, depuis 2005, la Chaire produit l'émission *Leaders*, diffusée par la chaîne spécialisée Argent. *Leaders* est l'occasion de rencontres avec les chefs de file œuvrant dans tous les secteurs d'activité : affaires, arts et culture, sciences, action communautaire, etc. Citons aussi la chronique hebdomadaire « Leadership », toujours à la chaîne numérique Argent, où Laurent Lapierre aborde des sujets variés qui relient souvent leadership et actualité.

La présente biographie est la deuxième que la Chaire de leadership Pierre-Péladeau publie aux Éditions Logiques, dans la collection « Création et Gestion », la première étant *Noblesse oblige. Philippe de Gaspé Beaubien et Nan-b de Gaspé Beaubien. L'histoire d'un couple en affaires*, dont le parcours étonnant, qui se déploie sur plusieurs décennies, est à même d'intéresser à la fois les férus d'histoire, les gestionnaires d'entreprises et les passionnés, comme nous, de leadership.

Dans cette stratégie de diffusion de masse, notre objectif est simple : d'une part nous espérons que le fruit de nos recherches permettra de mieux comprendre et de faire connaître à un large public le riche éventail de possibilités qu'offre le phénomène du leadership et d'autre part, par ricochet, nous voulons favoriser l'émergence d'une nouvelle génération de leaders tout aussi uniques que ceux qui les ont précédés.

L'audace dans l'action, que nous vous proposons de lire dans les pages qui suivent, s'inscrit dans cette logique. Conformément à notre approche résolument empirique, nous avons refait le parcours palpitant de Jacques Duchesneau. Du milieu cruellement démuni de son enfance, il est entré dans deux mondes de pouvoir, parsemés d'embûches : celui bien établi de la police de Montréal, où il a imprimé sa marque, et, plus récemment, dans celui de l'ACSTA, créée toutes pièces dans la foulée des attentats du 11 septembre 2001.

Au fil des nombreuses entrevues qu'il nous a accordées, et que nous avons enrichies d'une recherche documentaire poussée, nous avons pu observer comment celui qui a été le directeur du SPCUM, de 1994 à 1998, en a profondément transformé à la fois la structure et le mode d'action. S'attaquant de front aux problèmes de gestion, de fonctionnement et d'image, Jacques Duchesneau a mis en œuvre des mesures auxquelles il avait longuement réfléchi dans le cours de sa propre carrière de policier, avec la détermination de celui qui, dès l'enfance, avait vu la nécessité de la sûreté. Lecteur vorace, toujours à l'affût de solutions orientées vers l'action, il a voulu remonter plus haut et se rattacher à la pensée du pionnier de la police moderne, sir Robert Peel, pour qui « la police est la communauté et la communauté est la police ». Puisant dans cette pensée enracinée dans le passé et la tradition, Jacques Duchesneau a mis sur pied, à Montréal, une structure innovatrice, adaptée aux temps modernes, la police de quartier, qui inspire depuis d'autres corps de police du monde[2].

En dernière partie, l'ouvrage montre comment Jacques Duchesneau a importé, dans un organisme paragouvernemental, un style de gestion pro-actif, bousculant parfois les façons de faire de la fonction publique fédérale, autre univers politique complexe qu'il a appris à connaître. Depuis qu'il assume ses fonctions de président et chef de la direction, il a restructuré l'ACSTA en équilibrant davantage l'aspect sûreté par rapport à la dimension transport. Ce faisant, il s'est imposé, petit à petit, comme un élément incontournable dans les milieux internationaux du renseignement.

Nous espérons que ce contact avec un policier dans l'âme, devenu un gestionnaire de haut niveau, nourrira votre réflexion sur le leadership dont les manifestations riches et variées gardent néanmoins toujours leur part de secret et de mystère. Ce qui rend le phénomène intrinsèquement fascinant et son étude heureusement inépuisable.

JACQUELINE CARDINAL
LAURENT LAPIERRE

---

2. Voir Benoît Dupont et Émile Pérez, *Polices au Québec*, coll. « Que sais-je ? », Presses universitaires de France, Paris, 2006, 128 pages.

Chapitre I

Un panier d'osier
à la porte du couvent

Par un petit matin d'hiver de 1895, le portier du couvent des Sœurs Grises, situé à l'angle de la rue Guy et du boulevard Dorchester[1] à Montréal, découvre sur le seuil de l'entrée principale, un panier d'osier d'où s'échappent les vagissements vigoureux d'un nouveau-né. En entrouvrant les langes, il aperçoit une note épinglée à la brassière du bébé et griffonnée d'une main tremblante : Willie Morgan.

L'incident n'était pas rare à l'époque. Les mères nécessiteuses savaient que les sœurs prenaient soin des enfants abandonnés et qu'elles leur trouvaient rapidement des foyers d'adoption. Ce qui fut fait pour le petit Willie. L'enfant fut élevé dans la famille Lauzon, qui l'accueillit parmi ses propres enfants, dont une petite fille, avec qui il unira plus tard sa destinée. De ce couple, qui vécut côte à côte pendant plus de quatre-vingts ans, naquit en 1925 une petite fille nommée Henriette Lauzon. À son tour, Henriette rencontra son « prince charmant » en 1945. Mariée à André Duchesneau, elle donnera naissance à six enfants, soit trois garçons et trois filles : Pierre-André (1946), Jacques (1949), Johanne (1951), Jean (1953), Monique (1955) et Carole (1958), auxquels elle racontera cette histoire particulière.

André Duchesneau avait 22 ans lorsqu'il rencontra Henriette, la fille de Willie Lauzon. Elle était serveuse dans un restaurant situé à l'angle des rues Mont-Royal

1. Aujourd'hui appelé boulevard René-Lévesque.

et Saint-Laurent, le Brass Rail, et lui, avait ce qu'on appelait une « *run* » de lait dont les revenus lui permettaient de prendre femme et de s'établir. Ils tombèrent tout simplement amoureux, « un coup de foudre », dira leur fils Jacques Duchesneau, et se marièrent quelques mois plus tard. Un premier fils vint au monde en 1946. On le prénomma Pierre-André. Lorsqu'un deuxième petit garçon apparut dans la famille, le 7 février 1949, on lui donna plusieurs noms de baptême : Joseph, comme tous les petits garçons catholiques, Willie, en l'honneur du fameux grand-père Lauzon d'origine mystérieusement irlandaise, Richard, en hommage au hockeyeur Maurice Richard dont André Duchesneau était un ardent admirateur, et Jacques, du nom de l'intendant de la Nouvelle-France qui avait succédé à Jean Talon en 1675.

> Je m'appelle Jacques parce que ma mère ne savait pas quel prénom me donner. En feuilletant la section des noms propres du dictionnaire Larousse, juste après les pages roses, elle avait trouvé un Jacques Duchesneau. Il avait été le troisième intendant de la Nouvelle-France, sous Frontenac. C'est la raison pour laquelle mes parents m'ont donné le prénom de Jacques. En fait, on disait intendant à l'époque, mais si on traduit cela en mots d'aujourd'hui, c'était le chef de police de toute la colonie [2].

André Duchesneau exerça plusieurs métiers, espérant toujours améliorer les conditions de vie de sa famille. D'abord laitier au moment de son mariage, il fut ensuite conducteur de tramway, puis chauffeur d'autobus pour la Provincial Transport, devenue la compagnie d'autobus Voyageur. Il fut également

2. Jacques Duchesneau de la Doussinière et d'Ambault, gestionnaire né en 1650 à Tours (France). Intendant de la Nouvelle-France (1675-1682). Successeur de Jean Talon. Lui et le gouverneur Frontenac se disputent continuellement et sont rappelés en France en même temps. Décédé en 1696 à Ambrant (Berry, France). Source : Jean Cournoyer, *La mémoire du Québec*, Montréal, Stanké, 2001, p. 442.

boulanger chez POM Harrisson Brothers, dont l'usine se trouvait dans l'ouest de Montréal, à Westmount. Mais c'est lorsqu'il avait sa route de lait qu'il a été le plus fier et le plus heureux parce qu'elle lui permettait de sillonner les rues de son quartier, où il était chez lui.

L'aventure est au coin de la rue

La famille Duchesneau vivait sur le Plateau-Mont-Royal, un arrondissement aujourd'hui branché, mais qui était alors peuplé d'ouvriers aux revenus modestes. Dans les années 1960, en plus de sa route de lait, André Duchesneau bouclait ses fins de mois en travaillant le soir comme guichetier aux pistes de courses Richelieu et Blue Bonnets[3], en alternance. Il rentrait à la maison vers minuit et se réveillait à cinq heures du matin pour endosser son uniforme de laitier. C'était le même horaire, six jours par semaine.

> Mon père était un homme rigoureux et fier. Ma mère se réveillait avec lui à cinq heures du matin. J'ouvrais l'œil parfois, en les entendant chuchoter, et je la voyais brosser tendrement son habit de laitier avec un petit balai à main. Il portait l'uniforme du laitier avec autant de fierté que s'il avait été policier. Toujours impeccable.

En fait, André Duchesneau aurait voulu être policier, mais il ne le pouvait pas, faute d'avoir la taille réglementaire. Il possédait le niveau d'instruction requis, soit une scolarité de neuvième année, mais il mesurait cinq pieds et neuf pouces, alors qu'à l'époque, pour être admis, il fallait faire cinq pieds et dix pouces. Il n'aurait pu être pompier non plus, pour la même raison. Il demeurait toutefois au fait de ce qui se passait

---

3. La piste de course du parc Richelieu, située à Pointe-aux-Trembles, a été fermée en 1978, et celle de Blue Bonnets, qui avait été construite sur une ferme à l'ouest du boulevard Décarie, a changé de nom en 1995 pour devenir l'Hippodrome de Montréal. Les deux pistes étaient la propriété du financier Jean-Louis Lévesque. Source : Pascal Racicot, Service des communications et des archives, Hippodrome de Montréal.

dans le quartier, dont il connaissait toutes les rues et toutes les ruelles, en raison de son travail de laitier. Lorsqu'un incendie se déclarait, même si c'était la nuit, il réveillait ses trois fils pour les amener voir l'événement.

> J'ai appris mon métier de policier avec mon père. Il n'a jamais été dans la police, mais il suivait tout ce qui se passait dans les moindres recoins du quartier. C'était un homme curieux, toujours à l'affût. Il pouvait reconnaître les autos banalisées des détectives. Il savait tout, il connaissait l'histoire de l'un, de l'autre. J'ai peut-être été détective parce que c'était dans mes gènes. Mon père voulait tout connaître sur tout et sur tous. Il savait exactement où les postes de police et de pompiers étaient situés et il décodait le va-et-vient des véhicules et des passants. Comme il avait son camion de laitier, parfois il nous réveillait à une heure, deux heures du matin quand il y avait un incendie. Il avait inventé pour nous le jeu de la caserne 24. Il nous disait : « Allez, debout ! C'est la caserne 24 qui sort, les gars, venez-vous-en ! » Mes frères et moi, on partait en trombe avec lui, dans son camion de laitier. On était tous « les pompiers de la caserne 24 » ! Ma mère jouait elle aussi le jeu et nous préparait des sandwichs, parfois en pleine nuit. On allait voir des incendies et on s'identifiait aux pompiers qui éteignaient les feux. C'était l'aventure avec mon père.

Jacques Duchesneau se souvient, entre autres, d'un incendie spectaculaire qui avait complètement rasé un édifice de la rue Sainte-Catherine, angle Saint-Urbain.

> L'incendie monstre du magasin Woodhouse s'est produit en 1961. Le lendemain, tous les journaux et tous les postes de radio, CKAC, CJMS, louangeaient le travail que les pompiers de Montréal avaient abattu dans cette conflagration majeure. Mon père nous faisait rêver en nous faisant jouer aux valeureux pompiers de ce qu'il appelait, d'un ton admiratif, la caserne 24. Il avait pris l'habitude d'utiliser l'expression comme cri de ralliement quand il voulait nous entraîner dans toutes sortes d'activités : « Réveillez-vous, la caserne 24 ! On part ! »

Le dimanche était la seule journée où André Duchesneau prenait congé. Plutôt que de dormir tard et de se reposer, il se levait tôt pour jouer avec ses enfants et se bagarrer avec ses fils.

> Le dimanche, c'était un rituel. Au lieu de dormir et de récupérer de sa semaine de travail, il nous réveillait très tôt, et puis là, c'était la bagarre, mais une bagarre pour s'amuser. Il aimait se tirailler avec ses trois gars. Nous, on essayait de lui coller les épaules au plancher, mais on n'était pas capables. Il était fort comme un cheval. Ma mère s'inquiétait: « Vous allez tout casser, arrêtez-moi ça. » Mais elle savait qu'il aimait ça. C'était sa façon à lui de nous dire qu'il nous aimait bien. Les voisins se demandaient ce qui se passait, mais c'était notre rituel, notre lien à nous. Il y avait beaucoup d'amour entre nous.

Le père de Jacques Duchesneau était, par contre, très pointilleux sur la discipline. Lorsqu'il fixait une heure pour rentrer à la maison le soir, il ne tolérait aucun écart, si mince fût-il.

> À un moment donné, je suis entré dans les scouts avec mon frère Pierre-André. Nos réunions avaient lieu dans un local de la rue Rachel, situé juste en face de chez nous. Ça se tenait de 19 à 21 heures. Une fois, mon frère était resté un peu plus tard pour replacer les tables et les chaises. Comme il était costaud, c'est à lui qu'on confiait ce genre de corvées. À 21 h 10, mon père est venu le chercher dans le local et l'a réprimandé devant tous les autres parce qu'il n'avait pas suivi sa consigne. Ça a été la même chose avec ma sœur qui allait à côté, chez les guides, et avec moi quand j'ai commencé à sortir avec les filles. Même à 19 ans et aspirant policier, je devais rentrer à 23 heures, pas à 23 h 10. L'autorité, il fallait respecter ça.

Comme le faisaient les parents de l'époque, André Duchesneau n'hésitait pas à imposer la discipline par la fessée. Jacques Duchesneau se souvient des mains de son père.

> Mon père avait des mains énormes. Il n'était pas très grand, mais il avait une forte ossature. Mon frère aîné,

Pierre-André, a hérité de son alliance de grandeur 13 parce qu'il a la même stature que lui. Quand la main arrivait pour nous donner une tape, c'était comme un coup de vent qui te jetait par terre. C'était une main épaisse. Je me rappelle qu'au moment de nous coucher le soir, on faisait des farces. Ma sœur Carole aimait nous faire rire. On dormait dans le salon double. Il y avait un lit pour les filles et un lit pour les gars, séparés par un drap suspendu. Comme les gars riaient plus fort, après un bout de temps mon père rentrait dans la chambre, puis c'était paf, paf, paf, sur les fesses des trois gars. Il ne faisait pas ça pour nous faire mal, il ne nous a jamais battus. C'étaient des tapes sur les fesses, en rafale, pour qu'on se tienne tranquilles. Parfois, Pierre-André dormait déjà parce qu'il se levait tôt. Il attrapait quand même la claque, qui le réveillait. C'était assez spécial.

En 1953, le jeune père de famille entend parler d'une occasion unique de faire l'acquisition d'un dépanneur au coin des rues Gauthier et Bordeaux. Son frère Claude lui apprend que le propriétaire doit s'éclipser d'urgence, pour des raisons nébuleuses, et qu'il est prêt à céder son commerce à quiconque accepte de prendre rapidement le relais de ses paiements, sans exiger de capital d'achat. Avec l'appui de sa femme, Henriette, André Duchesneau prend le risque. Tout en continuant sa ronde de laitier, il s'occupe d'approvisionner le magasin et de remplir les rayons, alors que sa femme est au comptoir et sert des repas légers à l'heure du midi. Il vient alors la rejoindre pour prendre une bouchée et lui donner un coup de main avec la vaisselle. Les deux fils aînés sont mis à contribution pour les livraisons et, plus tard, les filles « garderont » le magasin à tour de rôle.

Pierre-André et moi, on faisait les livraisons le midi et le soir après l'école. Jean était trop jeune. On les faisait avec une bicyclette sur laquelle on attachait une caisse de Coke en bois. Notre défi, c'était de conduire sans tenir les guidons. Évidemment, parfois on tombait, mais on ne le disait pas. Le midi, c'étaient les petites livraisons : du pain, du beurre, de la bière, des cigarettes. Le soir, c'était *La Presse*, qui était publiée en fin d'après-midi à cette époque-là. Une fois par semaine, s'ajoutaient Le *Petit Journal*, *La Patrie* et *Allô Police*. Parfois, le midi, on n'avait pas le temps de manger avant de retourner à l'école. Ça désolait ma mère, mais pour moi, ce n'était pas grave. Je prenais une tranche de saucisson ou une barre de chocolat, et je retournais en classe.

D'un logis à l'autre

Tout allait bien avec le dépanneur et l'avenir s'annonçait plus rose, jusqu'au jour où un vol de cigarettes vint bousculer la vie de la famille. Des cambrioleurs avaient fait irruption dans le commerce en pleine nuit. Au matin, André Duchesneau avertit aussitôt la police, espérant que les malfaiteurs seraient rapidement pris au collet. Il croyait qu'il pourrait bientôt reprendre possession de son stock de cigarettes, dont la valeur s'élevait à plus de 500 $, une fortune pour lui. Comme il ne détenait aucune assurance contre le vol, la perspective de perdre une telle somme représentait une catastrophe.

Ainsi qu'André Duchesneau l'avait escompté, les voleurs furent retracés et leur camion saisi avec le fruit du larcin. Mais pour qu'il puisse reprendre possession de ses cartons de cigarettes, les policiers de Ville Saint-Michel, souligne aujourd'hui Jacques Duchesneau, exigeaient le versement d'une « commission », ce qu'André Duchesneau n'avait évidemment pas les moyens de faire. Il ne put jamais récupérer son stock de cigarettes, qui lui avait finalement été volé deux fois, une fois par des cambrioleurs et une autre fois par des policiers. Scandalisé par ce comportement malhonnête de la part de policiers corrompus, censés, à ses yeux, représenter la loi, André Duchesneau ne s'en remettra pas.

Deux policiers de Ville-Saint-Michel avaient trouvé la marchandise volée. Ils étaient venus pour nous en aviser, mais aussi pour nous demander de l'argent en

> retour. Mon père a été profondément choqué de ce marchandage, parce que pour lui, ce n'était pas de cette façon-là qu'on devait faire de la police. Je pense que ça a été une expérience qui m'a marqué, moi aussi, parce que j'étais jeune. Quelque chose m'échappait. Si tu n'as pas d'argent pour acheter de la marchandise, tu ne peux pas en vendre. Si tu ne peux pas en vendre, tu n'as pas d'argent. Mon père n'avait rien fait de mal. Je voyais son indignation. Il travaillait très fort. Il ne méritait pas ce qui lui arrivait et il avait pleinement confiance dans le travail des policiers. Sans dire que je leur en voulais, je savais que ce que ces policiers avaient fait était répréhensible. Et il y avait une conséquence à leur comportement malhonnête, c'est que nous autres, on ne mangeait pas.

Par la suite, joindre les deux bouts devint un défi extrêmement difficile pour Henriette et André Duchesneau. Alors qu'ils avaient cru se sortir de leur condition précaire en acquérant le dépanneur, ils se retrouvaient dans une indigence encore plus prononcée avec, cette fois, peu d'espoir de s'en sortir. Jacques Duchesneau se souvient que, même avant d'avoir le dépanneur, ses parents déménageaient souvent à la cloche de bois, à cause des loyers toujours difficiles à payer, mais qu'ils se débrouillaient malgré tout. Après le vol, menacée à répétition d'expulsion pour loyers impayés, la famille Duchesneau changeait encore plus souvent de logis, se délestant à chaque fois du peu de biens qu'elle possédait.

> On était rendus spécialistes dans l'art de déménager la nuit, par la porte d'en arrière. Une fois, on n'avait apporté que les lits. Ma mère pleurait parce qu'elle voulait qu'on apporte avec nous sa radio en bois, son seul trésor, mais comme on allait rester tous les huit chez ma grand-mère, il n'y avait pas de place. On n'avait transporté que le strict nécessaire. Parce qu'on ne payait pas les loyers, on habitait six mois à une place, on déménageait, puis on s'en allait encore ailleurs après une autre période de six mois. J'ai fait la liste des adresses où on a vécu. Sauf une, elles sont toutes dans les alentours du parc Lafontaine. Je pense que j'ai fait

toutes les rues. Je connais non seulement les rues, mais les ruelles, les recoins, les petites histoires du quartier. Je me souviens de la « gang du Ranch », qui faisait la loi dans le parc Lafontaine. Ça a été mon monde pendant toute mon enfance. Plus tard, je suis revenu travailler dans ce secteur-là, quand j'ai été policier. J'ai arrêté des braqueurs de banque qui avaient été à la petite école avec moi. Je connaissais toutes les rues comme le fond de ma poche. J'étais chez moi.

D'autres événements malheureux ont ajouté à la misère de la famille. Henriette Duchesneau a été malade au point de devoir être hospitalisée à la suite d'une fausse couche. Comme il n'y avait pas d'assurance maladie à l'époque, pour être en mesure de payer les soins, la famille a dû se scinder. Le père et les fils sont allés habiter dans un petit appartement d'une pièce et demie, alors que les filles ont été hébergées chez un oncle. Mais l'une d'entre elles, Monique, s'ennuyait trop, et est venue rejoindre « les gars » dans le petit logis en attendant le retour d'Henriette. Les malades payaient alors directement leurs médecins qui faisaient souvent crédit, particulièrement dans les milieux défavorisés. Jacques Duchesneau raconte que son père allait porter un petit montant par semaine au médecin qui avait soigné sa femme, et dont le bureau était situé rue Rachel, jusqu'à ce qu'il ne lui doive plus rien.

Pour les vêtements, au mois d'août, la famille se rendait dans une boutique de la rue Saint-Laurent où tout le monde s'habillait tant bien que mal pour l'année tout en se refilant d'un enfant à l'autre les vêtements devenus trop petits.

On avait notre juif[4], comme on disait à l'époque, parce qu'on n'avait pas d'argent pour acheter des vêtements.

---

4. Dans les rues commerçantes de l'est de Montréal, il y avait de petites échoppes de vêtements usagés, appelées *pawn shops*. Elles étaient en majorité exploitées par des juifs immigrés d'Europe de l'Est, d'où l'expression *aller chez le juif*, qui voulait dire aller acheter des vêtements dans ces friperies de l'époque.

> Chaque année, au mois d'août, on allait voir monsieur Lipovanco, rue Saint-Laurent, près de Mont-Royal. Il nous faisait crédit, lui aussi, et il venait chaque semaine se faire payer deux ou trois dollars. On se passait le linge de l'un à l'autre. Il y avait des voisins qui nous en donnaient. Je portais des souliers de pointure 7, mais j'avais des 11 de patins, la bottine toute cassée parce que je les avais eus de quelqu'un d'autre. Mais au moins, j'avais des patins.

En désespoir de cause, pour se sortir de ses difficultés financières, André Duchesneau tenta sa chance au jeu. À l'époque, il y avait des lieux clandestins, nommés barbottes, du nom du jeu de cartes qu'on y jouait en gageant.

> Mon père avait honte d'être pauvre, surtout lorsqu'il se comparait à ses frères et sœurs qui avaient tous un emploi, et même certains, une maison. Lui n'avait rien. Pour se renflouer, il allait dans des barbottes. C'étaient de petits clubs clandestins où il allait jouer dans l'espoir, pour lui et ses enfants, de devenir riche. Ces endroits étaient contrôlés par le crime organisé. Il était donc prévisible qu'il se ferait avoir à chaque fois. Cette situation mettait ma mère dans tous ses états. Mais de sa part, ce n'était pas méchant. Quand il avait de l'argent, c'était pour nous, pas pour lui. Mais au lieu de nous aider, ça a aggravé notre situation.

Au cours de sa vie, André Duchesneau exerça plusieurs métiers qui, espérait-il, lui permettraient d'améliorer enfin le sort de sa famille. En outre, pendant toutes ces années, il s'arrangeait toujours pour que ses horaires lui permettent de travailler le soir aux pistes de courses. En 1972, comme ses charges financières étaient allégées alors que trois de ses enfants avaient commencé à se faire des revenus d'appoint, il se décida, après moult hésitations, à acheter la maison du Plateau dont il occupait le rez-de-chaussée depuis trois ans. La bâtisse jouxtait un autre dépanneur qu'il avait repris encore une fois d'un commerçant en difficulté. Quelques heures après avoir signé, chez le notaire, le contrat d'achat de la maison, André Duchesneau, qui tenait pour la première fois dans sa main la clé de *sa* maison, fut foudroyé par une crise cardiaque, qui lui fut fatale. Il avait 49 ans.

> Je lui ai dédié mon mémoire de maîtrise qui portait sur le stress dans l'exercice du métier de policier: « À mon père qui est mort de stress pour avoir toujours voulu donner à sa famille un minimum de conditions de vie décentes. » Longtemps dans sa vie, il a mené de front trois emplois: laitier ou boulanger, guichetier le soir, et le magasin à travers tout ça. On n'avait jamais rien eu dans notre vie. En 1972, ça faisait trois ans qu'on restait dans le même logement, à côté du deuxième dépanneur qu'on a eu. La situation financière s'était quelque peu redressée. Il a acheté la maison. Je lui ai passé de l'argent parce que j'étais devenu policier et que je pouvais l'aider. Il a signé les papiers chez le notaire à huit heures du soir. Il est mort à minuit.

Henriette Duchesneau a été anéantie par ce départ subit. Celle qui était « le bonheur sur deux pattes », comme la décrit Jacques Duchesneau, resta inconsolable jusqu'à la fin de ses jours. Elle ne s'est jamais remariée. Chaque jour, elle tenait un journal personnel de ses activités, un précieux document qui permet aujourd'hui à ses enfants de revivre cette époque révolue à travers son regard. Jacques Duchesneau a d'ailleurs adopté la même habitude: chaque soir avant d'aller dormir, il note dans son carnet les événements du jour ou des réflexions personnelles que des rencontres, des lectures ou simplement des paysages lui ont inspirées. C'est une façon pour lui de faire le point sur son cheminement.

> J'écris mes états d'âme, s'il a fait beau, mes petites victoires de la journée. De moins en moins, je cours vers de grandes victoires, mais je note mes bons coups. Après, quand on relit tout ça, avec le recul, les choses se placent dans leur juste perspective. Dans un autre cahier, j'ai noté des moments importants pour moi et pour ma famille: une date, un événement, de petites victoires, des naissances, des frères, des sœurs, un mariage, un divorce, tout est là. J'ai une trentaine de

> pages. Il faut savoir d'où tu viens pour savoir où tu t'en vas. Je pense que c'est bon d'écrire. Ça sert d'exutoire.

Avec les années, Henriette Duchesneau était devenue un personnage important du quartier, car elle participait activement à toutes sortes d'événements communautaires. Elle aidait discrètement l'un et l'autre de ses conseils, de sa bonne humeur et de son bon jugement. Sa mort, survenue à la suite d'un cancer généralisé en 1991, laissa un grand vide dans la paroisse dont elle était un des piliers.

> Quand ma mère est décédée, l'église Saint-Benoît d'Ahuntsic, où eurent lieu ses funérailles, était bondée. Il y avait du monde jusqu'au trottoir. On a été obligé de faire venir la police pour escorter le cortège. Il y avait 13 landaus de fleurs. C'était pourtant un milieu modeste. Le secteur était congestionné par l'affluence. Les gens venaient pour ma mère elle-même, pas à cause de ses enfants. Son boucher la pleurait comme si elle avait été sa propre mère, tout le monde était triste. Une grande dame. Elle était connue dans la paroisse. Elle ne faisait pas de discours, mais tout le monde venait la voir. C'était une sorte de *consiglieri* du coin. Quand les gens avaient des problèmes, ils la consultaient. Elle sortait son jeu de cartes, son jeu de tarot, puis là elle remettait tout le monde sur le piton. Pour nous, elle a été la femme forte, le ciment de la famille, tout le temps.

En épouse aimante et exemplaire, Henriette Duchesneau épaulait son mari sans compter. Elle considérait le respect de l'autorité, l'honnêteté et la fierté comme étant des valeurs prédominantes qu'elle voulait transmettre à ses enfants. Jacques Duchesneau raconte deux incidents qui illustrent le caractère de sa mère.

> Personne n'aime être pauvre. À un moment donné, à l'époque où nous avions notre dépanneur à l'angle des rues Gauthier et Bordeaux, ma mère fait à manger pour des clients. C'était le meilleur snack-bar du coin. Nous autres, on faisait la vaisselle, mais il fallait qu'on attende que le gars ait fini son assiette pour la laver, avant de pouvoir servir quelqu'un d'autre. La cuisinière fonctionnait au gaz, mais on n'avait pas payé

la facture depuis quelque temps. Vers l'heure du midi, un employé du gaz se présente et demande à ma mère où est la valve. Se doutant qu'il voulait la fermer, d'un calme olympien, elle lui répond: « C'est en bas. » Ma mère, c'était une sainte femme. Elle allait à la messe quatre ou cinq fois par semaine. Mais là, dans le dépanneur, c'est l'heure de pointe. Si le gaz est coupé, elle ne peut plus faire à manger pour ses clients et elle perd ses revenus du jour. Alors elle fait descendre l'employé du gaz dans la cave et, en vraie tigresse, elle le suit, elle prend une bouteille vide au passage, la brise sur une boîte à beurre et menace le percepteur de lui crever les yeux avec le tesson s'il ne part pas aussitôt. Il a déguerpi en vitesse par le soupirail de la cave. Je pense que le gars court toujours, tellement il a eu peur. Cette fois-là, on n'a pas coupé le gaz. Ma mère est remontée reprendre sa place au comptoir, elle a continué à faire à manger et à servir ses clients comme si de rien n'était. C'est après qu'on a su ce qui était arrivé. Nous, on avait simplement vu quelqu'un sortir très vite de la ruelle.

Vers l'âge de 13 ans, Jacques Duchesneau décide d'aller faire une balade à la montagne. Il monte dans le bus n° 11, qui fait la boucle depuis la rue Mont-Royal vers le chemin Camilien-Houde, sur le mont Royal, et qui revient en sens contraire. Pour mieux apprécier le paysage, il se dirige vers le banc arrière de l'autobus presque vide. Il aperçoit dans l'allée un livret de banque étrangement épais, le ramasse et constate qu'il contient une « galette » de dollars.

Au belvédère du mont Royal, j'avais déjà remarqué des téléphones bleus branchés directement au poste de police le plus près. Je descends donc à cet arrêt au lieu de continuer ma balade, je décroche le combiné et j'avise le policier que je viens de trouver un livret de banque contenant 400 $. Quelques minutes plus tard, un patrouilleur arrive. Je lui remets le tout. Il prend mon nom en note, mon adresse, me félicite et repart avec ma trouvaille. De retour à la maison, je raconte l'incident à ma mère. « Maman, maman, j'ai trouvé un livret de banque avec 400 $ dedans ! » « Qu'as-tu fait avec ? » me demande-t-elle. « J'ai appelé la police et ils

> sont venus le chercher là où j'étais, au belvédère. » Quand on n'a pas d'argent pour nourrir ses enfants et qu'on a été victime de policiers corrompus, on réfléchit avant de répondre à son petit garçon qui raconte un tel incident. Elle prend quelques secondes et me dit : « Tu as bien fait. C'était la chose à faire. Dans la vie, il faut toujours être honnête. » Une semaine plus tard, l'homme qui avait perdu son livret est venu à la maison. Il m'a remercié et félicité de mon geste, et a laissé un billet de 20 $ à ma mère.

Jacques Duchesneau a retenu la leçon de sa mère. Lorsqu'il est devenu directeur de police, de nombreuses années plus tard, il ne tolérait aucun geste malhonnête de la part de ses policiers, quelles que soient les sommes en jeu.

> Au cours des cinq années où j'ai été directeur, j'ai eu à congédier 21 personnes pour toutes sortes de raisons, mais j'en ai gardé d'autres qui, en toute bonne foi, avaient commis des erreurs de jugement. Quand tu es policier, tu peux manquer ton coup, mais tu ne peux pas faire de compromis sur l'honnêteté. C'est impardonnable. Une erreur de jugement, ça peut arriver dans le feu de l'action. Mais voler, prendre de l'argent qui ne t'appartient pas, ce n'est pas une erreur de jugement. C'est foncièrement malhonnête. Je ne peux pas accepter ça.

Chapitre II

Au-delà du Plateau

Dans les petits appartements successifs que les Duchesneau ont occupés, il y avait peu de place pour l'intimité de chacun. Bien que parfois turbulent, le petit Jacques aimait obtenir de bonnes notes à l'école. Il lui était toutefois difficile de se concentrer suffisamment pour bien étudier ses matières, car lorsque l'heure des devoirs arrivait, les enfants étendaient en même temps tous leurs cahiers d'école sur la table de la cuisine. Avec six enfants de niveau primaire à surveiller tout en préparant le souper, Henriette Duchesneau avait du mal à faire régner le silence. Le petit Jacques n'aimait pas non plus que ses cahiers soient griffonnés par ses frères ou sœurs qui s'entre-taquinaient à qui mieux mieux. Il prit l'habitude, après ses livraisons de fin d'après-midi, d'aller se coucher dans la chambre du salon double pour prendre de l'avance sur son sommeil et attendre la nuit pour étudier, quand les autres seraient couchés. Il s'installait alors avec ses cahiers et ses livres dans le seul coin de l'appartement où il pouvait ouvrir la lumière sans déranger et avoir la paix.

> On vivait à huit dans un appartement de quatre pièces. Le seul endroit où je pouvais allumer la lumière tard le soir, sans déranger, était les toilettes. Quand j'arrivais de l'école, je me couchais, et mes frères et mes sœurs prenaient la table de la cuisine et faisaient leurs devoirs pendant que ma mère préparait à manger. Quand venait le temps du souper, je me réveillais pour aller les rejoindre. Comme mon père se levait à cinq heures du matin, toute la famille se couchait tôt. La cuisine

donnait directement dans la pièce où mes parents dormaient, donc je ne pouvais pas allumer la lumière et étudier là. La seule place où je pouvais m'isoler, c'était dans les toilettes. C'était une pièce exiguë, non chauffée. Le réservoir de la chasse d'eau était en bois, au-dessus de la cuvette, et il suintait tout le temps, ce qui faisait baisser la température de la pièce. En hiver, on gelait. Sur le bord de la fenêtre, il y avait souvent de la glace. J'enfilais mon manteau et j'étudiais, installé sur le bol de toilette, mes livres sur mes genoux. J'ai toujours aimé l'école et j'aimais décrocher de bonnes notes.

Jacques Duchesneau se souvient des noms de ses instituteurs et institutrices de l'école primaire, qui était tenue par les frères des écoles chrétiennes: madame Gaulin, mademoiselle Vanasse, mademoiselle Locas, monsieur Lapointe, le frère Jacques, le frère Rémi... qui voyaient en lui, certes, un élève espiègle, mais aussi un enfant avide d'apprendre. La plupart se prirent d'affection pour ce garçonnet aux grands yeux bleus et au sourire charmeur. Jacques Duchesneau se rappelle surtout que, lorsqu'il arrivait à la maison avec son bulletin à faire signer par ses parents, il était fier d'arborer, chaque fois, soit la médaille du premier, soit la médaille du deuxième de la classe. «J'étais bon à l'école. Quand j'arrivais à la maison avec mes bulletins, surtout quand on vivait des moments difficiles, en voyant mes notes agrémentées d'étoiles dorées, ma mère disait: “On est peut-être pauvres, mais on n'est pas nonos.” Ça, c'était sa grande fierté.»

Du Collège Paul-Valéry à l'école Le Plateau

Jacques Duchesneau fit toute son école primaire à l'école Saint-François-Xavier, sauf une partie de sa troisième année qu'il termina à l'école Saint-Jean-Baptiste-de-Lasalle, située dans le quartier Hochelaga, plus près d'où la famille habitait pendant ces mois-là. Le seul appartement qu'elle avait pu trouver en catastrophe était en effet situé beaucoup plus à l'est qu'habituellement, et les enfants durent changer d'école pendant cette brève période. À la rentrée suivante de septembre, à la faveur d'un autre déménagement qui les ramenait dans le Plateau, les petits Duchesneau reprirent leurs places à l'école primaire Saint-François-Xavier.

Jacques Duchesneau fait sa huitième année à l'école secondaire Jean-Baptiste-Meilleur, où il continue d'obtenir de bonnes notes. À la suggestion d'une tante qui avait remarqué ses aptitudes scolaires, il entre dans un collège privé, dont elle offre de payer les frais, pour qu'il y fasse sa neuvième année. Le collège Paul-Valéry était situé rue Papineau, au sud de la rue Gauthier. Fondée par deux institutrices laïques, des jumelles qui avaient aménagé des salles de classe dans une grande maison victorienne, cette institution d'élite n'est restée ouverte que quelques années. On y donnait le cours scientifique, avec un accent sur les matières économiques. Les élèves qui fréquentaient ce collège et les professeurs qui y enseignaient étaient triés sur le volet. Les classes étaient petites et mixtes.

Jacques Duchesneau, qui est au début de l'adolescence, ne s'y sent pas à l'aise. De plus, il est pour la première fois en contact quotidien avec des filles, ce qui le distrait de ses études. Ses bulletins témoignent rapidement de son trouble.

> Le collège Valéry a été démoli depuis, pour être remplacé par l'immeuble résidentiel Le Dauphin. C'était un établissement secondaire privé. Une de mes tantes, qui trouvait que j'allais bien à l'école, avait offert de payer les frais de scolarité pour que je puisse y entrer. Il y avait un programme exigeant, mais étant donné mes bulletins au primaire et en huitième année, ma tante croyait que je réussirais bien. J'y ai fait ma neuvième année, mais contrairement à ce qui arrivait avant, où j'étais toujours parmi les premiers de la classe, mes résultats étaient médiocres. Chaque mois, je n'obtenais que la note de passage, et ce, de peine et de misère. La principale raison, c'est que contrairement à l'école publique, les classes étaient mixtes. J'ai commencé à regarder les petites filles plus attentivement et j'étudiais moins.

Au début de l'année scolaire suivante, voyant qu'on ne le garderait pas plus longtemps au Collège Paul-Valéry, Jacques Duchesneau prend l'initiative d'aller seul rencontrer le directeur d'une autre école secondaire du quartier, l'école Le Plateau [1], où son père avait étudié. Il savait que cette institution, située dans le parc Lafontaine, jouissait d'une excellente réputation. Elle possédait de plus l'avantage d'être à la fois publique, donc gratuite, et ouverte uniquement aux garçons.

> Je suis allé vendre ma cause au Plateau, pour dire à peu près ceci : « Même si mes notes ne sont pas très bonnes, acceptez-moi cette année dans votre classe de dixième. » Mais le directeur voulait me faire reprendre ma neuvième année, toujours à cause de mes notes. J'ai négocié pour faire ma dixième tout de suite en lui disant : « Écoutez, si le premier bulletin n'est pas satisfaisant, vous me renverrez en neuvième année. » Finalement, j'ai été admis au Plateau en dixième année et mes notes se sont replacées.

Le directeur du Plateau et son adjoint étaient tous les deux d'anciens militaires et ils imposaient une discipline rigoureuse à leurs étudiants, ce que Jacques Duchesneau appréciait.

> Jacques Poulin avait été colonel dans l'armée et son adjoint, Liguori Renaud, était aussi un ancien militaire. Ils avaient instauré beaucoup de discipline. Mais j'aimais cet encadrement. Je me rappelle, à un moment donné, être sorti de l'école à la fin des classes en laissant mon veston dans ma case plutôt que de le

---

1. L'école Le Plateau est depuis 1973 une école publique spécialisée dans l'enseignement de la musique. Construit dans les années 1870, Le Plateau a longtemps prêté sa grande salle aux formations musicales de la métropole. Le chef d'orchestre Wilfrid Pelletier y dirigea de nombreux concerts. Des matinées symphoniques y étaient organisées pour les enfants de la Commission scolaire de Montréal. Première école secondaire laïque pour garçons, elle compte parmi ses anciens des personnages connus comme Jean Drapeau, Fernand Séguin, Jean-Guy Moreau et... Jacques Duchesneau. Source : www.csdm.qc.ca/leplateau.

porter, comme le voulait le règlement. Je n'en avais qu'un, et je voulais le préserver. Comme je descendais l'escalier, monsieur Poulin m'a mis en retenue parce que je sortais juste en chemise. C'était strict sur la discipline.

Duchesneau se souvient encore de certains professeurs qui l'ont marqué, en particulier Jacques Laurin, son professeur de français, Jacques Baril, son professeur de dessin, de même que l'historien et conteur Marcel Tessier.

Jacques Laurin, qui est aujourd'hui un linguiste connu, m'enseignait le français et l'art oratoire. Il m'avait inscrit à un concours provincial. Il était très exigeant et stimulant. J'y suis arrivé deuxième. J'ai gardé de mes cours de français un goût prononcé pour la lecture. Je peux lire plusieurs livres par mois : des biographies, des essais, des livres techniques sur le renseignement, sur le terrorisme... En vacances, je peux lire un livre par jour.

Déjà, Jacques Duchesneau aime écrire et lire. Il s'intéresse au journal étudiant *L'Œil du Plateau*, dans lequel il signe un article au titre révélateur : « L'œil sur la politique ». Il devient membre du Club international des chercheurs Marabout, où il est très actif, et il atteint rapidement le « troisième niveau vert ». Bref, il fait preuve d'une grande curiosité intellectuelle. Mis à part les mathématiques, tout l'intéresse et le captive.

J'aimais aussi le dessin, que Jacques Baril nous enseignait avec beaucoup d'enthousiasme. Il y avait aussi Marcel Tessier. C'est un historien, mais il était aussi notre professeur de chant. En arrivant en dixième année, je me suis inscrit dans la chorale parce que j'aimais beaucoup la musique. Malheureusement, je n'avais aucun talent. À la fin de l'année, on a offert un grand concert devant plus de 1 000 parents dans la belle grande salle du Plateau. Marcel Tessier était là, devant nous. Il dirigeait la chorale, il battait la mesure avec sa baguette, mais quand il passait devant moi, il me chuchotait : « Ferme ta g... », tellement je faussais ! Alors j'ai fait du *lipsync* pendant tout le concert ! Je pouvais chanter à l'école, pendant les répétitions, mais pas en concert. Je l'ai revu, il y a quelques années, et il se souvenait que je chantais mal. D'accord, je n'ai pas de talent pour la musique…

À 14 ans, Jacques Duchesneau veut contribuer aux revenus de la famille. Il déniche un emploi d'emballeur dans une épicerie du quartier.

J'étais payé 60 cents de l'heure. C'était au Marché Union, rue Mont-Royal, à l'angle de la rue Papineau. Ça me faisait un peu d'argent. J'ai pris du galon rapidement, j'ai monté à 65 cents de l'heure ! Mais je travaillais fort. Au grand désarroi de mon père et de ma mère, je commençais à huit heures le vendredi soir, avec d'autres commis. Le propriétaire nous enfermait à clé en dedans, à neuf heures, quand il fermait le magasin. Nous, on remplissait les tablettes jusqu'à sept heures le lendemain matin. Et on n'avait pas de clé pour sortir parce que le propriétaire avait peur de se faire voler. Et ça, ça inquiétait mes parents. Je travaillais de nuit, mais des fois je restais là jusqu'à 8, 9, 10 heures le lendemain matin. Je les aidais comme commis, dans le magasin, le samedi matin quand c'était occupé. Des fois, le dimanche, je faisais le nettoyage de la cave pour faire des heures supplémentaires. Ça a été mon premier emploi. Je l'ai gardé jusqu'en 1965, jusqu'à la fin de mon secondaire.

Chapitre III

Les cadets de l'air

Pendant toutes ces années, le jeune Duchesneau sait exactement ce qu'il veut faire dans la vie : policier, et rien d'autre. Avec cette idée en tête, il s'enrôle dans les cadets de l'air, qui possédaient un bureau de recrutement au 160, Saint-Joseph Est, en plein Plateau[1].

> En 1963, vers l'âge de 13-14 ans, je deviens un cadet de l'air dans l'escadrille 622 Frontenac. Je voulais devenir policier et je savais que, dans la police, il fallait connaître la marche militaire. Je me dis qu'en entrant dans les cadets de l'air, j'apprendrais comment marcher au pas. Je suis resté six ans dans les cadets de l'air, jusqu'à l'âge de 18 ans, et j'ai adoré ça.

La Ligue des cadets de l'air fut fondée en 1940 sur le modèle des cadets de l'armée et des cadets de la marine canadienne[2]. Dès le début, la Ligue bénéficie d'un partenariat avec la Force aérienne royale du Canada, qui engage des instructeurs de cadets comme officiers. Au début des années 1960, les cadets de l'air possèdent des bureaux de recrutement à travers tout le Canada. Encore aujourd'hui, il existe plus de 400 escadrilles dans toutes les provinces. On y admet les garçons, et maintenant les filles, à partir de l'âge de 12 ans, qui peuvent y rester jusqu'à 18 ans. On offre un programme de formation destiné à susciter chez eux le

---

1. Il obtiendra, à la fin de l'année 1963, le trophée de la meilleure recrue.
2. Voir www.cadets.ca/about-nous/histo_f.asp

goût de l'aviation et de la vie dans les Forces canadiennes. Les cadets ont un uniforme, comprenant un calot où est agrafé l'écusson de leur escadrille, qu'ils doivent porter pour assister à leurs réunions et à leurs activités spéciales. Comme dans l'armée et dans la police, ils franchissent plusieurs étapes et peuvent monter en grade. Les meilleurs deviennent commandants d'escadrilles. Les camps militaires d'été, qui sont offerts aux meilleures recrues, sont entièrement subventionnés.

Le premier camp d'été auquel Jacques Duchesneau est admis se déroule à la base militaire de Saint-Jean, au Québec, en 1964. C'est un premier contact avec la discipline militaire quotidienne qui comprend un entraînement rigoureux d'exercices physiques de routine, beau temps, mauvais temps, sans oublier le tir à la carabine, qui constitue une activité importante, et des tours d'avion, notamment des *Beachcrafts*. Il suit le cours *Junior Leaders Course*, où il s'initie aux principes de base en leadership et en stratégie militaire et acquiert ses premiers rudiments d'anglais. Tout se passe bien et il aime beaucoup son séjour[3]. L'année suivante, en 1965, le cadet Jacques Duchesneau est admis au camp d'été à Borden, en Ontario[4]. Il a alors 16 ans. Cette fois-ci, il part seul en train, avec sa besace, et se trouve plongé dans un milieu entièrement anglophone où il apprend à se débrouiller pour se faire comprendre. Il est le premier cadet de l'escadrille 622 Frontenac à être admis au camp d'été de Borden et à suivre son cours avancé sur le leadership. L'ambiance n'est pas la même qu'à Saint-Jean.

> C'était ma première sortie hors du Québec. J'ai passé tout l'été de 1965 au camp Borden, en Ontario. Les

3. Il obtient, en 1964, le trophée du meilleur sous-officier junior et devient caporal.
4. Il obtient, en 1965, le trophée Frontenac, décerné au meilleur cadet de l'escadrille 622.

ordres se donnaient en anglais. Je ne comprenais rien, mais je regardais autour et je me débrouillais. On m'a fait suivre un cours avancé de huit semaines en leadership. Ça s'appelait SLC, pour *Senior Leaders Course*. On était quatre par chambre, trois anglophones et un francophone. À la cafétéria, je montrais du doigt les aliments que je voulais parce que je ne savais pas comment les nommer. Mais j'ai appris beaucoup de choses, et pas seulement l'anglais.

En cours d'année, Jacques Duchesneau assiste rigoureusement aux réunions et aux parades des cadets de l'air. Il devient finalement commandant de son escadrille. L'été suivant, en 1966, il a le choix de suivre un cours avancé en pilotage d'avion ou de participer à un programme d'échange avec des cadets d'Angleterre. Apprendre à piloter un avion peut avoir un certain attrait pour un adolescent, mais Jacques Duchesneau n'aime pas les mathématiques et, comme le cours exige un perfectionnement de ses connaissances en géométrie et en algèbre, il préfère tenter sa chance dans le programme d'échange. Après quelques semaines d'attente, il apprend qu'il est choisi parmi les 25 cadets du pays qui seront envoyés en voyage officiel en Angleterre. Le programme prévoit que les cadets seront entre autres reçus au palais de Buckingham. Jacques Duchesneau, commandant de l'escadrille Frontenac, annonce la nouvelle à ses parents qui en éprouvent une fierté bien légitime.

Grâce à ce programme d'échange, je suis allé en Angleterre et en Écosse représenter le Canada. Le voyage durait cinq semaines. Pour moi, c'était extraordinaire. Je me souviens de notre entrée, en formation, à Buckingham Palace. Nous marchions au pas, par rang de trois, sur huit rangées, et c'était moi qui étais le commandant en tête de l'escadrille, à part, en avant des rangs. Nous sommes passés devant les gardes du palais. Eh bien, moi, pour qui la reine n'était qu'un visage sur les billets de banque du Canada, je rentrais dans sa cour, à Buckingham Palace, en formation. Et j'étais le commandant de l'escadrille des cadets de l'air canadiens qui marchaient devant ses gardes vêtus de leurs fameuses tuniques rouges. Évidemment, je pensais que ma mère aurait été fière de moi si elle m'avait vu déambuler à la tête de ma formation devant les nombreux touristes de Buckingham Palace.

Comme le cadet Jacques Duchesneau parle anglais, on lui demande de s'adresser aux dignitaires en anglais d'abord et de dire ensuite quelques mots en français.

J'étais assez impressionné comme jeune de 17 ans qui venait du parc Lafontaine et qui ne parlait pas anglais deux ans plus tôt. Et parce que ce jeune est bilingue, c'est lui qui remercie chaque fois qu'on est reçus dans une ville. Mes officiers anglophones me disaient : « Tu t'adresses à eux en anglais d'abord, ensuite tu leur parles en français. Tu peux leur dire n'importe quoi en français, personne ne va te comprendre, mais exprime-toi dans les deux langues. »

Le jeune commandant Jacques Duchesneau prend son rôle au sérieux. Pas question, dans son discours en français, de badiner. Il se souvient de ses cours d'art oratoire du Plateau et s'applique à livrer son message du mieux qu'il peut. Il ne le regrettera pas.

À un moment donné, on est reçus par le *Lord Mayor* de Londres. C'est très officiel. Je prononce mon discours, et je pense que c'est grâce à Jacques Laurin que j'ai pu le faire. Le maire de la *City* de Londres et la mairesse sont présents. Je leur dis de belles choses en anglais, et je répète le même boniment en français. Après la cérémonie, cette dame vient me voir. Elle s'adresse à moi dans un français plus qu'impeccable, meilleur que le français que je parlais, moi, le petit Québécois du Plateau que j'étais. Elle me remercie de mes bons mots, m'assure que j'avais dit des choses charmantes, qu'elle garderait toujours un bon souvenir du Québec, etc. Heureusement que je n'avais pas dit n'importe quoi !

En plus du dîner officiel à l'hôtel de ville de Londres, les cadets canadiens ont été reçus dans d'autres villes d'Angleterre, à Liverpool, de même qu'en Écosse, à Glasgow, puis ailleurs. Chaque fois, c'est le jeune commandant Duchesneau qui remerciait officiellement les hôtes, en anglais et en français. Cette expérience a été marquante [5]. « C'est sûr que tout était payé, mais un ami de mon père m'avait donné 200 $ d'argent de poche. Heureusement, parce qu'autrement je n'aurais pas pu y aller. Mes parents n'avaient pas les moyens de me donner une telle somme. »

En 1967, le Canada se prépare à célébrer le centenaire de la Confédération et les cadets de l'air n'y échappent pas. Jacques Duchesneau, qui avait franchi allégrement tous les niveaux hiérarchiques des cadets de l'air depuis son entrée en 1963 (caporal, sergent, sergent d'état-major et adjudant chef), prend le titre de *warrant officer first class* pour le camp du centenaire de Saint-Jean. C'est sa dernière année chez les cadets de l'air parce qu'il est dans sa dix-huitième année. On le nomme cadet-commandant du camp d'été. C'est lui qui, à ce titre, dirigera la parade des 900 cadets qu'on a fait venir au Québec spécialement pour visiter l'Expo 67.

> Il y avait 900 cadets présents au camp d'été de Saint-Jean-d'Iberville. Ils venaient pour l'Expo. Le matin, quand je procédais au rassemblement, il fallait que le 900e cadet situé en arrière puisse m'entendre clairement. Il fallait que je crie fort. Alors c'était assez impressionnant. Sur un terrain de parade, il y avait 30 groupes de 30, 6 pelotons de large, sur 5 de profond. C'était exceptionnel à cause de l'Expo 67 et du centenaire de la Confédération. L'atmosphère était à la fête et à la confrérie. Les cadets venaient de partout au pays, donc tous les commandements se donnaient en anglais. J'avais été choisi pour être le cadet-commandant de toutes ces escadrilles venues de partout au Canada.

---

5. Il obtient, en 1966, le trophée Walsh à titre de commandant du meilleur peloton de précision.

Chapitre IV

En attendant la police

Pendant toute son adolescence, Jacques Duchesneau est bien conscient que, tout comme son frère aîné avant lui, il doit se trouver un emploi à temps plein, dès sa sortie de l'école secondaire. Il sait qu'il devra subvenir le plus tôt possible à ses propres besoins et verser une pension à ses parents afin d'alléger le fardeau financier de la famille. Il songe très brièvement à une carrière dans l'aviation. Comme cadet de l'air et avec toute l'expérience et la visibilité qu'il y avait acquises, c'eût été facile pour lui d'emprunter cette voie. Mais il maintient son idée première, celle de devenir policier.

> J'aimais beaucoup les activités des cadets de l'air, mais j'ai toujours gardé mon idée d'aller dans la police. J'ai vu mon père être victime d'injustice. Dans l'aviation et dans l'armée, tu vas te battre pour défendre des personnes. Moi, je voulais me battre pour sauver des valeurs. C'est pourquoi je préférais aller dans la police.

Une fois son diplôme d'études secondaires en poche, il garde cet objectif en tête dans sa recherche d'emploi. Il veut mettre toutes les chances de son côté pour être admis lorsqu'il atteindra l'âge réglementaire lui permettant de soumettre sa candidature à l'École de police, soit 18 ans et demi[1]. À 16 ans, il calcule qu'il

1. L'âge minimum pour soumettre sa candidature était de 18 ans et demi, mais l'âge minimum pour devenir officiellement policier était de 19 ans, c'est-à-dire l'âge réglementaire pour obtenir un droit de port d'arme.

dispose de deux ans et demi pour se constituer un bagage de connaissances qui lui permettra de réaliser son rêve et il y consacre toutes ses énergies. C'est pourquoi, pendant l'été 1965, il est heureux d'aller au camp Borden des cadets de l'air, où on met l'accent sur l'apprentissage du leadership. En septembre, il décroche un premier emploi à temps plein : un travail de commis, à 200 $ par mois, à la société Highway Trailers Co., une entreprise anglaise unilingue. Il y voit une occasion de perfectionner son anglais, car il croit que ses aptitudes linguistiques seront testées à l'entrevue d'admission dans la police.

Cet emploi sera interrompu par le programme de visite d'échange en Angleterre, avec les cadets de l'air. C'est ainsi qu'au cours des mois de juillet et août 1966, il vivra une expérience marquante dont il se souviendra toute sa vie[2]. Mais bien qu'il en ait goûté tous les aspects exceptionnels, il ne se laissera pas détourner de son choix de carrière dans la police. Au retour d'Angleterre, avant de reprendre son poste chez Highway Trailers, il postule chez Bell où il voit une possibilité de s'initier au fonctionnement des réseaux téléphoniques parce que, comme policier, il pourra être appelé à faire de l'écoute électronique. Il résume ainsi ses démarches.

> Je voulais perfectionner mon anglais. Alors j'ai eu un premier emploi à temps plein chez Highway Trailers, à 200 $ par mois. Je recevais ma paye les 15 et les 30 du mois. Une fois les impôts enlevés, il restait 75 $. Je donnais 50 $ de pension à mes parents, il me restait 25 $ pour deux semaines. J'ai fait ça pendant un an. Après ça, je me suis dit : « J'ai la marche militaire, j'ai l'anglais. Dans la police, ils font de l'écoute électronique. » Je me suis fait embaucher chez Bell pour savoir comment on installait des téléphones.

Avec le montant de 50 $ par mois qui lui restait après avoir payé sa pension à ses parents, il se permet

2. Voir le chapitre III.

une première folie : l'achat d'une montre chez Peoples Credit Jewellers Co., à leur magasin de la rue Sainte-Catherine Ouest, pour la somme de 143,65 $ payable en versements égaux de 15 $ par mois.

Il s'inscrit en plus à des cours du soir en judo à la Palestre nationale[3], située rue Cherrier, songeant que cette technique de défense pouvait être utile à un policier surpris par un assaillant. Son professeur est monsieur Gautier, grâce à qui il obtient en trois mois sa ceinture jaune. Un mois plus tard, il peut porter la ceinture orange. Il se rendra finalement jusqu'à la ceinture brune, dernier échelon avant l'ultime ceinture noire[4].

Jacques Duchesneau devient membre de la Protection civile de Montréal qui lui décernera un diplôme de pompier volontaire et un diplôme de sauvetage d'urgence. Enfin, à l'automne de 1967, il atteint l'âge réglementaire de 18 ans et demi et soumet aussitôt sa candidature officielle au Service de police de Montréal (SPM) avec son curriculum vitæ bien garni. Il passe une batterie de tests physiques et écrits. Un mois plus tard, soit le 1er avril 1968, il est admis à l'École de police de

---

3. La Palestre nationale a été inaugurée le 19 janvier 1919 par l'Association athlétique d'amateurs nationale (AAAN). Le bâtiment, situé rue Cherrier, abritait des équipements modernes nécessaires au développement d'athlètes de pointe. Plusieurs disciplines pouvaient y être pratiquées, dont la natation, l'escrime, la gymnastique, la boxe, la lutte, etc. La Palestre nationale a ouvert ses portes pour la première fois le 12 décembre 1918. En 1931, elle passera aux mains de l'Association catholique de la jeunesse canadienne-française (ACJC). (Source : http://bilan.usherbrooke.ca/bilan/pages/evenements/293.html)
   Aujourd'hui, c'est le pavillon de danse de l'Université du Québec à Montréal (UQAM) qui occupe les lieux où se trouvent également l'Agora de la danse et Tangente, deux importants diffuseurs de danse contemporaine au Québec (voir le site http://unites.uqam.ca/danse/pavillon.htm).
4. En judo, la progression est marquée par la couleur de la ceinture que le judoka a le droit de porter, et va comme suit : blanche, jaune, orange, verte, bleue, brune et, enfin, noire.

Montréal. Lors des tests, il se classe 9e sur 68 candidats. Mais déjà, il ne cache pas son ambition d'atteindre les sommets.

> J'entre à l'école d'entraînement. Après deux mois, notre professeur nous pose une question directe: « Où voulez-vous être dans vingt-cinq ans? » Il procède par ordre alphabétique: Asselin, Bernard, A, B, C, D... Il arrive à Duchesneau: « Moi, je veux être directeur du service de police », que je lui réponds. Tout le monde s'esclaffe. « Riez si vous voulez, mais moi, je veux être directeur. » Certains ont dit qu'ils voulaient faire de la patrouille à cheval, d'autres qu'ils voulaient être des policiers sur les motos, un autre voulait être enquêteur, un autre encore, directeur d'un poste ou bien inspecteur, d'autres, affectés aux empreintes digitales. Moi, je les écoute tous, et quand il arrive à moi, je dis ce que je pense: que je veux être directeur. Eh bien, tout au long de ma carrière, les gens de mon contingent m'ont appelé « monsieur le directeur ».

À la fin de la Deuxième Guerre mondiale, beaucoup d'anciens combattants avaient été recrutés pour faire partie des corps policiers. Et vingt ans plus tard, certains d'entre eux se retrouvaient parmi les hauts gradés. Ils avaient appris leur métier sur le terrain à partir de leur expérience dans l'armée et dans la vie civile, mais leur bagage scolaire ne se résumait souvent qu'à une septième ou une huitième année. Dans les années 1960, s'amorce une tendance à la professionnalisation du rôle du policier. Lorsqu'il présente son curriculum vitæ, qui comprend non seulement des études secondaires terminées, mais une expérience de travail et des études pertinentes à l'emploi, Jacques Duchesneau possède un certain avantage pour l'avenir, mais encore une fois il veut mettre toutes les chances de son côté pour réaliser son ambition, celle de devenir chef de police.

> À l'époque, on commençait à voir des policiers plus jeunes qui voulaient pousser leur formation professionnelle jusqu'au niveau universitaire. L'idée de donner une dimension plus professionnelle au métier

de policier était dans l'air. Je m'inscrivais dans cette mouvance. J'avais mon diplôme d'études secondaires, mais je n'avais pas abandonné mon rêve d'aller à l'université. Lorsque j'ai commencé à travailler, en 1965, je ne pouvais pas envisager d'étudier plus longtemps parce que ma situation familiale m'obligeait à gagner ma vie. Mais en 1969, le gouvernement de l'Union nationale a institué les cégeps. J'ai vu une possibilité de m'instruire davantage. Je me disais: « Si tu veux être directeur, il faut que tu te prépares en conséquence. » Je me suis inscrit aux cours du soir du cégep Ahuntsic où j'ai étudié de 1969 à 1973. Ensuite, après avoir obtenu mon DEC, j'ai fait mon bac et ma maîtrise, toujours en cours du soir, parallèlement à ma carrière de policier. Je me suis mis tout de suite en mode études.

On peut dire que Jacques Duchesneau n'a pas manqué de persévérance. De 1973 à 1981, il enfilera coup sur coup trois certificats: en relations industrielles, en criminologie et en animation, qui lui vaudront le grade de bachelier ès sciences de l'Université de Montréal. Quelque temps plus tard, il s'inscrira à l'École nationale d'administration publique (ENAP), qui lui décernera le diplôme de maîtrise. Le titre de sa thèse témoigne à la fois de ses préoccupations profondes et de son approche pragmatique des problèmes: « Les réalités du stress en milieu policier ». Au-delà de l'apprentissage de contenus reliés à la gestion publique, Jacques Duchesneau s'attachera à développer un nouveau réseau de personnes venant de milieux différents, car il y voit un antidote à la pensée en silo.

J'ai toujours eu peur de ce qu'on appelle le *tunnel thinking*, la pensée en silo qui fait que tout le monde pense de la même façon. C'est une des raisons pour lesquelles j'ai voulu m'inscrire à l'ENAP. En fréquentant uniquement le milieu policier, je trouvais qu'on retapait souvent sur les mêmes clous et que ça n'ouvrait pas de nouveaux horizons. À l'ENAP, j'ai rencontré des gens de toutes les sphères professionnelles. Et même souvent dans mes cours, je ne disais pas que j'étais policier, mais quand les gens l'apprenaient, en fin de session, ils étaient surpris. « Dans la police? Toi? » Dans les discussions, j'étais ouvert à apprendre de tout le monde. En anglais, on dit *a people's person.* J'aime ça parler, causer, convaincre et échanger avec les autres.

Jacques Duchesneau insiste pour dire que pendant tout le temps où il étudiait le soir et collectionnait les diplômes, il n'a jamais cessé de « faire de la police ». Alors que d'autres policiers poursuivaient des formations intensives en sabbatique, obtenant des congés de travail pour un ou deux semestres consécutifs, ou en étant affectés à des postes administratifs sur des horaires de jour, Jacques Duchesneau n'a jamais voulu se couper de son métier, préférant mettre peut-être plus de temps avant d'obtenir son diplôme, mais gardant constamment son point d'ancrage professionnel. Avec le recul, il juge que son parti pris affiché pour le travail de terrain, en parallèle avec ses études, ou même lorsqu'il enseigna, à son tour, aux cégeps Ahuntsic et Maisonneuve, lui a servi tout au long de sa carrière, et surtout lorsque, comme directeur du SPCUM, il a eu à prendre des décisions controversées.

À l'intérieur de la police, il y a une ségrégation qui se fait. Il y a des gens qui y entrent, mais qui vont faire du travail de bureau pendant vingt-cinq, trente ans, sans jamais mettre le pied dehors. Ils ont le titre de policier, ils ont le statut de policier, mais à l'interne, ils ne sont pas perçus comme tels. Ils portent l'uniforme, ils ont un matricule, mais aux yeux des patrouilleurs ou des enquêteurs, ce ne sont pas des policiers. Celui que les policiers vont respecter, c'est celui qui fait du travail de policier. J'ai vécu des crises, plus tard, quand j'ai été directeur de police, et ce qui m'a toujours sauvé, c'est que, oui, j'ai fait des études, oui, j'ai fait un bac et une maîtrise, mais j'ai toujours continué à faire de la police. Ce n'était pas toujours facile d'aller aux cours, de faire des réunions d'équipe, de remettre les travaux, de passer les examens, puis en même temps, de continuer d'occuper des fonctions opérationnelles. Mais je n'ai aucun regret parce que quand j'étais directeur, ça a été

> ma clé passe-partout pour me sortir de situations difficiles. Même si je prenais des décisions controversées, on reconnaissait que moi, j'avais fait de la police, j'avais fait des arrestations, que quand ça brassait, j'étais là. Ça m'a énormément aidé dans mon travail de directeur de police.

Au début de 1976, il songe brièvement à une réorientation de sa carrière. Après huit ans de service, il sent une baisse de motivation qu'il a comprise plus tard, lorsqu'il a fait son mémoire de maîtrise sur le stress.

> À l'ENAP, j'ai lu beaucoup d'études qui démontrent que dans une carrière policière qui dure en moyenne trente ans, les sept premières années se déroulent bien. Après, et jusqu'à environ quatorze ans de pratique, le policier commence à se poser des questions. Il constate un écart entre ce qu'il a appris dans ses cours et la réalité. À ce moment-là, s'amorce un déclin, suivi d'un creux qui sera plus ou moins long. Ensuite, de quatorze à vingt-et-un ans de pratique, la carrière connaît un second départ. C'est la période où le policier se dit : « Dans le service, ils pensent seulement à eux. Je vais commencer à penser à moi. » S'il a une famille, il va s'en occuper plus étroitement. Après le cap des vingt-et-un ans de service, le policier se dira typiquement : « Mes enfants sont élevés, peut-être que je peux penser un peu plus en fonction de ma carrière. » Moi, j'ai connu mon creux en 1976. J'avais huit ans de service. J'ai posé ma candidature à la Faculté de droit de l'Université de Montréal. J'étais détective, j'allais souvent à la cour. J'aimais témoigner. Je me suis dit que peut-être, ça pourrait être intéressant d'être celui qui plaide la cause.

Cette incursion du côté des avocats sera toutefois de courte durée, et ce, pour deux raisons. D'abord, il ne se sent pas à l'aise dans cet univers. Les plaidoyers qu'il a eu l'occasion d'entendre comme témoin empruntaient parfois une argumentation contraire à sa propre perception des choses. Tout en comprenant que le rôle de l'avocat est de concevoir des façons de défendre les coupables, quitte à faire d'eux des victimes de la société, il se sent incapable de mettre en doute la responsabilité personnelle ultime de l'adulte qui a commis un crime en toute connaissance de cause.

> Ce que je n'aimais pas, c'était d'entendre un discours criminologique voulant que tout le monde a une excuse pour tuer. Je n'adhérais pas à ce discours-là. Je proviens d'un milieu où on l'a eu dur. Chercher à comprendre pourquoi quelqu'un commet un crime, j'étais d'accord pour le faire, mais on ne peut pas nier qu'il l'avait quand même commis. Moi, je n'étais pas dans une position pour lui trouver des excuses.

Cette perspective n'entre toutefois pas en ligne de compte lorsqu'il a à mener une enquête qu'il veut le plus objective et complète possible.

> Quand je faisais mes interrogatoires, l'inculpé me fournissait des éléments qui l'incriminaient, mais il m'en donnait d'autres qui pouvaient le disculper. Quand je témoignais, je ne livrais pas juste les éléments qui l'incriminaient. Je donnais aussi ceux qui pouvaient le disculper. C'est mon travail de policier de présenter tout ce qui apparaît au dossier, de trouver le coupable et de l'amener devant le tribunal. La condamnation, c'est la société qui la donne, pas moi. Qu'on fixe dix ans, cinq ans ou trois mois, moi, ça ne m'enlève rien. C'est au juge de le faire. C'est une autre branche du système judiciaire. Mon rôle, c'est de trouver celui ou celle qui a commis un crime, de réunir les éléments de preuve et de les présenter à la cour.

La deuxième raison pour laquelle Jacques Duchesneau n'est pas allé en droit, c'est qu'on lui avait offert, en février 1976, de coordonner tout l'aspect sécurité de l'opération policière des Jeux olympiques de Montréal qui devaient se tenir l'été suivant. Il reçoit sa lettre d'acceptation à l'université en mars de la même année pour commencer ses études en septembre 1976, mais le cœur n'y est plus. Dans sa préparation à l'opération olympique, il a retrouvé sa fibre de policier.

> J'ai commencé à travailler pour l'opération olympique en février 1976. Je devais débuter en droit en

> septembre suivant. En mars, quand j'ai reçu ma lettre d'acceptation, j'étais dans un autre état d'esprit. C'était passionnant. J'avais entrepris de rédiger le manuel d'opération. On déplaçait 5 000 policiers pour les Jeux, c'était une expérience nouvelle. J'accompagnais le cortège de la reine. J'ai été chanceux. En 1984, quand le pape est venu à Montréal, j'étais à côté de lui, au parc Jarry. Je m'occupais de la sécurité, là aussi, avant qu'il monte à l'autel. J'ai été bien gâté dans la vie, j'ai eu de bonnes expériences.

Beaucoup plus tard, en 1989, il entreprendra des études de doctorat à l'Université de Montréal. Un nouveau programme de Ph. D. en sciences humaines appliquées est mis sur pied par le professeur Jean Trépanier. Jacques Duchesneau, qui possède son baccalauréat et sa maîtrise, veut approfondir toute la question de l'économie souterraine reliée au trafic des stupéfiants. Au cours de ses études, il fera la connaissance de la célèbre criminologue Marie-Andrée Bertrand.

> J'avais Marie-Andrée Bertrand comme professeure. Elle était en faveur de la légalisation des drogues et moi, j'étais contre. Nous avons eu de bons débats, mais j'aime ça, une bonne confrontation. Nous n'étions pas du même avis, mais nous avions chacun des arguments solides.

Jacques Duchesneau a terminé sa scolarité de doctorat. Il lui reste à franchir les étapes de la rédaction et de la soutenance de thèse avant d'obtenir officiellement son Ph. D. Il a déjà choisi son sujet : « La lutte aux stupéfiants : des policiers à coordonner ». Mais après qu'il a été appelé à intervenir d'urgence sur le site du drame de l'École Polytechnique de Montréal, le soir du 6 décembre 1989, il a été incapable de remettre les pieds à l'université pendant plusieurs années. Il y reviendra sans doute un jour, puisqu'il n'abandonne jamais un rêve, mais pour l'instant, il s'est remis en mode action.

Chapitre V

Matricule 525

Pendant toute sa carrière de policier, Jacques Duchesneau a scrupuleusement suivi des lignes de conduite qui lui servent ultérieurement dans le déroulement de sa carrière, sans qu'il l'ait planifié comme tel. Depuis ses tout débuts comme jeune recrue, jusqu'à son accession au poste de directeur du SPCUM, son parcours a été ponctué d'événements imprévus qui l'ont amené à faire des constats et des réflexions qu'il note au jour le jour dans ses carnets. Il espère qu'à partir de ses expériences concrètes, il saura faire un jour sa marque et infléchir le SPCUM dans le sens des valeurs auxquelles il croit.

En 1968, Jacques Duchesneau a 19 ans. Plein d'enthousiasme et encore euphorique d'avoir été admis comme aspirant policier, il entreprend une formation qui s'étalera sur un an. En plus des cours théoriques donnés à l'École de police de Montréal, située rue Viau, il doit faire des stages pratiques dans différentes sections de la police tout en étant affecté à certaines opérations, au hasard des besoins et des crises.

> Notre contingent a été le premier à avoir une année complète de formation. Nous faisions deux mois à l'École, où nous avions des cours de psychologie, de judo, de toutes sortes de matières, puis il fallait faire huit mois de stage, dans 16 endroits différents pendant deux semaines, ce qui faisait trente-deux semaines. Ensuite, c'était un retour de deux mois à l'École de police. À la graduation, j'ai obtenu 98 % de moyenne

en exercices militaires et j'ai été élu commandant de ma parade.

Celui qui se verra attribuer le numéro de matricule 525 débutera comme téléphoniste à la Section des communications et transport. Il se familiarise ainsi avec le va-et-vient des patrouilles en étant témoin de ce qui peut se passer à l'occasion d'opérations policières ou de poursuites de criminels en fuite. Tout l'intéresse. Il sera bien servi par le hasard, car il vivra des expériences qu'il qualifie d'inoubliables.

Le dernier soir où il est en poste à la Section des communications et transport, un crime effroyable survient : le sergent-détective Gilles Jean est tué dans l'exercice de ses fonctions. C'est la consternation dans tout le SPCUM. Trois jours plus tard, le 13 mai 1968, lors de leur première journée à l'école d'entraînement, les nouvelles recrues, impressionnées, voient passer le long cortège funèbre accompagné de nombreux policiers en moto, qui se déplacent lentement rue Sherbrooke. Les funérailles se déroulent avec tout le décorum déployé en de telles circonstances. Jacques Duchesneau ressent la solidarité de tous les représentants du SPCUM dont il est maintenant un membre à part entière.

À la fin du printemps 1968, se tiennent des élections fédérales au cours desquelles des activités partisanes sont organisées. Le 24 juin, alors que la campagne tire à sa fin, des chars allégoriques du défilé de la Saint-Jean se déplacent rue Sherbrooke en direction de l'ouest avec, à sa tête, une cohorte de policiers. Des dignitaires, dont le premier ministre sortant, Pierre Elliott Trudeau, des ministres libéraux, comme Marc Lalonde, et le maire de Montréal, Jean Drapeau, sont installés au balcon de la bibliothèque municipale, située à l'angle des rues Cherrier et Sherbrooke, en face du parc Lafontaine. Des membres du Rassemblement pour l'indépendance nationale (RIN), dirigés par Pierre Bourgault, manifestent bruyamment. Le but du RIN est d'attirer l'attention sur les deux ou trois principaux dirigeants du mouvement afin d'obtenir le plus de couverture médiatique possible pendant la campagne électorale fédérale. Mais les choses deviennent vite incontrôlables[1]. Il règne une certaine effervescence dans l'air et ce qui ne devait être qu'une joute d'images menace de se transformer en émeute générale, vu le grand nombre de personnes présentes au défilé.

Un mouvement de foule s'amorce et la cohue s'installe. Des projectiles sont lancés en direction de l'estrade d'honneur. Dans un premier temps, les dignitaires sont priés de sortir en catastrophe et de trouver refuge à l'intérieur de la bibliothèque municipale. Mais Pierre Elliott Trudeau, après avoir amorcé un mouvement pour partir, se ravise et se rassoit, à la première rangée, défiant ainsi les manifestants du RIN. Ce geste de bravade lui attira l'admiration de la foule et du Canada anglais, ce qui lui valut, le lendemain 25 juin, la victoire électorale. Jacques Duchesneau relate cet événement mémorable à partir de son point d'observation de jeune policier en devoir[2].

> Le 24 juin 1968, on ouvrait la parade de la Saint-Jean-Baptiste. On n'avait pas eu de cours sur la solidarité, mais tu l'apprends vite dans le feu de l'action. On était passés devant l'estrade où était Trudeau. Un peu plus tard, les roches ont commencé à voler en direction des invités. Nous, on était à l'autre bout, vers l'ouest, mais on nous a dit qu'il fallait retourner vite au parc Lafontaine, que des policiers étaient morts[3], que des chevaux avaient été lacérés aux flancs. Là, tu te dis : « C'est la guerre. » Or, un gars de notre contingent n'avait pas mis de cartouches dans son arme parce qu'il

1. Voir le compte rendu paru dans *Le Devoir* du 25 juin 1968 (voir l'annexe 2).
2. Le bilan de cette échauffourée : 135 blessés et près de 300 arrestations, dont 81 mineurs ; parmi les personnes arrêtées on trouve Pierre Bourgault et Jacques Couture. Source : Jean Cournoyer, *La mémoire du Québec*, Montréal, Stanké, 2001, p. 1289.
3. N.D.A. : Cette rumeur s'est révélée fausse.

était dans le groupe d'apparat qui ouvrait la parade. Le mot a couru parmi nous et tout le monde prenait de ses propres cartouches pour qu'il puisse armer son revolver. J'ai vite compris que j'étais dans la vraie police et que je devais aller me battre. Tu sais aussi que s'il y en a un qui flanche à côté de toi, tu vas l'aider. J'ai donc appris le sens du partenariat et de la solidarité dans l'action. C'était la première fois que je portais mon uniforme de policier. Je n'ai jamais oublié.

Sa première affectation régulière amène Jacques Duchesneau à travailler dans le poste 9 de Pointe-Saint-Charles, où il a un contact direct avec ce qu'est la vie d'un « vrai policier ».

À Pointe-Saint-Charles et à Saint-Henri, tous les vendredis soirs, il y avait des batailles. C'était jour de paye dans les usines et les gars allaient dans les tavernes après leur travail. Leurs femmes venaient les chercher, mais souvent les maris ne voulaient pas sortir. Ils se faisaient provoquer par les autres et, sous l'effet de l'alcool, ils se mettaient à se battre entre eux et on appelait la police. Je portais parfois des traces physiques de ces démêlées. J'apprenais mon métier, mais je ne racontais pas tout à ma mère. Elle avait tellement peur qu'il m'arrive quelque chose de grave, parce qu'un certain nombre de fois, je suis revenu avec des chemises déchirées, mais j'apprenais. Le plus drôle, c'est que j'allais dans des bars comme policier, mais que je n'avais pas le droit d'y aller comme citoyen parce que l'âge réglementaire pour y être accepté était de 21 ans, alors que j'en avais 19.

Un jour, l'auto-patrouille dans laquelle il fait sa ronde avec un collègue d'expérience reçoit un appel d'urgence. Il s'agit d'une femme enceinte qui craint d'accoucher avant d'avoir le temps de se rendre à l'hôpital. Aussitôt, les deux partenaires se rendent en vitesse à l'adresse indiquée par le répartiteur, gyrophares et sirènes actionnés. Il faut amener au plus vite la citoyenne en détresse à l'hôpital le plus proche. Mais le « vieux » policier constate à l'arrivée à la résidence de la parturiente qu'il est déjà trop tard et que les deux policiers devront l'aider à donner naissance à son enfant sur place. Jacques Duchesneau, qui n'avait encore jamais vu de femme nue, est très nerveux.

> J'étais avec un vieux policier qui gardait son calme parce qu'il en avait vu d'autres. Et la femme qui était en travail ne s'en faisait pas trop parce qu'elle avait déjà eu six enfants ; elle n'en était pas à son premier accouchement. Voyant mon inquiétude et ma nervosité, elle veut me rassurer : « Ne t'en fais pas, mon jeune, énerve-toi pas. Ça va bien aller. » Je n'en croyais pas mes oreilles. C'est elle qui me disait à moi de ne pas m'énerver. J'essayais bien de rester calme, mais j'étais encore impressionnable, à ce moment-là. Tout se passe très vite. Je vois une femme nue pour la première fois ; cette femme est en train d'accoucher ; c'est elle qui me dit quoi faire, d'aller chercher des serviettes... Et mon partenaire policier me dit, de son côté, d'aller demander de l'aide par notre radio d'auto-patrouille parce qu'il n'y avait pas d'appareil téléphonique dans son appartement. Il faut faire venir une ambulance d'urgence avec un médecin. Je courais dans l'escalier. Le travail était très avancé et finalement, on a accouché la femme chez elle. Cette première expérience d'un appel d'urgence dans un poste de quartier, je ne l'ai jamais oubliée.

Un autre stage de deux semaines le ramène dans le quartier de son enfance, près du parc Lafontaine, où il retrouve la « gang du Ranch », qu'il avait vue, quelques années auparavant, imposer sa loi aux enfants et aux adolescents du coin par la force et l'intimidation. Cette fois, il n'a pas peur de se promener dans le parc Lafontaine, où il porte avec fierté son uniforme de policier.

Chapitre VI

D'agent à sergent

De 1968 à 1973, Jacques Duchesneau poursuit sa carrière de policier tout en suivant ses cours du soir au cégep Ahuntsic. Comme son père autrefois, il n'a pas beaucoup de loisirs, car ses journées et ses soirées sont prises, les unes par le travail et les autres par l'étude. Il sera affecté comme patrouilleur dans différents postes de la ville, notamment au poste 16, dans une unité mobile auxiliaire, l'auto 16-2, où il accumulera toutes sortes d'expériences qu'il prend soin de noter dans son carnet. L'absence de routine et le sentiment que tout peut arriver à chaque seconde dans le territoire où il est assigné forment un mode de vie qui lui plaît. Après tout, c'est ce qu'il a toujours connu depuis qu'il est né.

Lors des événements d'octobre 1970, il est jeune policier patrouilleur et n'est mêlé à aucune opération spéciale. Il continue à faire son travail normalement, bien qu'il constate que certaines équipes de patrouille passent de deux à quatre partenaires. En 1971, il entend dire que la direction veut former une escouade spéciale, chargée de mener des enquêtes sur le crime organisé dans le centre-ville, particulièrement autour de la rue Saint-Laurent, familièrement appelée « la *main* ». On cherche un candidat pour faire de l'écoute électronique ; l'affectation durerait six mois. Il propose aussitôt ses services. Voilà sa chance, se dit-il, de vivre une nouvelle expérience et d'en apprendre sur le monde interlope ! Comme il avait inscrit dans son dossier qu'il avait travaillé chez Bell, on accepte de l'intégrer à l'équipe, dirigée par Jacques Cardinal. L'objectif est d'installer des téléphones d'écoute sur le système d'une taverne du centre-ville, située à l'angle des rues Visitation et Ontario, que jouxte une salle de billard. On soupçonne ces deux endroits de l'est de la ville de servir de repères à des cambrioleurs et à des braqueurs de banques.

En fait, chez Bell, Jacques Duchesneau avait surtout travaillé dans la fourniture d'équipements, et non dans l'installation d'appareils téléphoniques. Il savait ce qu'était un téléphone, mais il ignorait les subtilités du branchement de fils. Pourtant, il soutient avec aplomb qu'il est capable de remplir sa mission.

> C'était vrai que j'avais travaillé chez Bell, mais ce que je n'avais pas dit, c'est que j'avais passé peu de temps à l'installation. J'avais surtout travaillé dans le domaine de l'approvisionnement. On fournissait les équipements. Je connaissais les téléphones, mais je ne savais pas comment les installer. Par contre, je possédais une arme secrète. Un de mes amis était installateur et il m'a montré comment installer des téléphones. Je me disais que je pourrais me débrouiller avec ce que je savais des appareils et avec ce que mon ami m'avait montré, et que si j'étais mal pris, je pourrais faire appel à lui.

L'opération consiste pour Jacques Duchesneau à faire le branchement d'un téléphone d'écoute à partir d'un appartement situé à deux pas de la taverne. Une fois l'équipement en place, il doit passer plusieurs jours et nuits d'affilée à capter les conversations des clients. Cet appartement est toutefois vétuste et le système téléphonique est à l'avenant : ce qui devait arriver arriva.

> Dans ce secteur-là, le système téléphonique était très vieux. Je n'arrivais pas à démêler les fils et à comprendre lequel allait où, et j'ai mélangé toutes les lignes du secteur. À un point tel que des abonnés qui parlaient normalement à leurs interlocuteurs pouvaient entrer sur une autre ligne à tout moment. C'était comme s'ils étaient en intercom constant. J'ai tout bousillé le système ! On a été obligés d'aller arracher

des fils, puis finalement on a procédé autrement. On a fait venir quelqu'un d'autre, qui a fait une autre installation, mais comme je faisais déjà partie de l'équipe, ils m'ont gardé pour l'écoute.

L'objectif était de prendre connaissance des projets de cambriolage qui étaient planifiés par téléphone. L'écoute électronique en était à ses premiers balbutiements. Les voleurs ne se doutaient pas que leurs lignes téléphoniques étaient surveillées et les téléphones cellulaires n'avaient pas encore fait leur apparition. Même si l'appartement loué était en fait un taudis, à la limite de l'insalubrité, il valait la peine de s'y installer.

Jacques Duchesneau croit au début qu'il n'en a que pour quelques jours, mais comme l'opération est très rentable, il restera quatre mois dans cette maison de chambres infestée de coquerelles. Il ne se laisse pas décourager par ces aléas, mais il se couche tout habillé dans son petit lit de fortune en prenant soin d'entrer les rebords de ses pantalons dans ses chaussettes avant de s'endormir. En outre, à cause de la présence de chambreurs dans l'immeuble, il doit prendre ses précautions pour n'alerter personne.

Après plusieurs heures d'écoute, je m'endormais parfois avec les écouteurs toujours aux oreilles, ce qui m'empêchait de voir le vacillement de la lumière, que j'aurais pu entrevoir sous le bas de ma porte, trahir le passage d'un chambreur trop curieux. J'étais sur le qui-vive, car je craignais toujours que quelqu'un ne vienne écouter et ne se doute de quelque chose. C'était donc un peu spécial. Après mon séjour de quatre mois dans cet appartement, je m'étais fait un nom. L'opération avait été très efficace. On entendait des gars raconter comment ils allaient s'y prendre pour faire des vols à main armée. J'ai noté des noms, des adresses. J'avais recueilli beaucoup d'informations. Une fois mon assignation terminée, je suis retourné comme patrouilleur au poste 16.

Au poste 16, il est réassigné, cette fois avec un nouveau partenaire, à l'une des six autos-patrouilles du poste. C'est toujours l'auto 16-2, mais entre-temps, dans un souci de rendre le travail de policier plus professionnel, on avait commencé à demander aux agents de colliger des statistiques sur leurs activités : le nombre d'appels, le temps de réponse, la fréquence des contraventions, le nombre d'interventions armées, les fermetures de dossiers, les rapports d'étape... Jacques Duchesneau, qui entretient toujours le même feu sacré pour son travail, s'y donne à fond de train. À un point tel qu'en revoyant les statistiques du mois, son supérieur ne peut faire autrement que de comparer sa performance avec celle des autres patrouilleurs.

> Le directeur du poste avait fait une compilation. Il y avait six autos-radios, dans le secteur du poste 16. Il nous a convoqués et nous a dit : « Il y a quelque chose que je ne comprends pas. Le 16-2 – qui était mon auto – procède à plus d'arrestations que vous tous ensemble ; il donne plus de contraventions que vous tous ensemble ; il couvre plus d'appels que vous tous ensemble. Vous faites quoi, vous autres ? » Il y en avait malheureusement qui « étiraient les appels » ou qui n'étaient pas trop zélés. Je suis une personne de conviction et je travaillais à ma façon. C'est vrai que je ne me suis pas fait que des amis, mais ça, ça ne m'a jamais empêché de travailler.

L'année suivante, en 1972, une autre occasion se présente. Cette fois, il s'agit de participer à une opération d'infiltration dans le milieu des motards, une assignation qui devait également durer six mois. Pour être plus crédible, Jacques Duchesneau modifie son apparence physique. Il laisse pousser sa barbe et enfile des vêtements plus décontractés. Il prend un appartement au carré Saint-Louis et commence à fréquenter les frères Filion.

> Les deux frères étaient des motards rattachés au groupe des Popeyes. Les Hell's Angels n'existaient pas encore ici, mais les Popeyes en étaient l'embryon. Je n'avais pas de moto, mais j'allais à la même taverne qu'eux, la taverne Cherrier, à l'angle de Saint-Denis et de Cherrier.

Un peu plus tard, il devient un client assidu d'un autre établissement, situé plus au nord, mais fréquenté par le même milieu.

> Après avoir tiré ce que je voulais de la taverne Cherrier, je me suis déplacé vers un bar de la rue Rachel, au coin de Saint-Dominique, le Bar 69. J'y allais tous les soirs et je me tenais avec les gars de la place. Je faisais mine de m'intéresser à la barmaid. Mais peu de temps après, des policiers qui étaient à l'écoute électronique ont entendu des conversations un peu spéciales. Ils m'ont averti de ne pas me présenter au bar ce soir-là. Effectivement, le gars avec qui je me tenais tout le temps, un dénommé Jacques Prud'homme, quand il est sorti du club ce soir-là, il s'est fait, comme on dit, « driller ». Il pesait 160 livres avant la fusillade, mais 200 livres après, parce qu'il a reçu à peu près 40 livres de plomb. Ils ne l'ont pas manqué. J'aurais pu être là, et y passer. J'ai donc une bonne étoile quelque part. Les malfrats auraient pu tout simplement ne pas en parler au téléphone. Et même là, quand j'ai réécouté les conversations, ce n'était presque rien. C'était un doute qu'avait eu un bon policier qui était plus allumé que d'autres, et qui m'a prévenu : « Ne va pas là ce soir... » Il faut croire que mon ange gardien veillait.

Jacques Duchesneau est ensuite affecté au dossier 72-19, c'est-à-dire le 19e dossier de l'année 1972. Cette fois, il tente d'infiltrer le gang des frères Dubois, dont le port d'attache est le restaurant du 157 de la rue Sainte-Catherine Est, directement sous le Miami Tourist Room. Les vols à main armée se faisaient de plus en plus nombreux et les fusillades qui s'ensuivaient avaient causé, juste en 1973, plus de 10 morts à la porte des banques. Jacques Duchesneau est rattaché à l'escouade de filature.

> On travaillait très fort. Cette année-là, comme beaucoup de mes confrères, j'ai plus que doublé mon salaire en heures supplémentaires. Il ne fallait pas compter les heures, mais nous avons réglé beaucoup de dossiers. Aujourd'hui les vols de banques se font plus rares, les malfaiteurs commettent davantage de crimes économiques ou informatiques. Mais à ce moment-là, les banques étaient des cibles privilégiées.

Le 1er janvier 1972, entrait en vigueur la Loi sur la fusion des services de police de la Communauté urbaine de Montréal. En 1973, Jacques Duchesneau est officiellement promu sergent, après avoir passé avec brio des examens d'où il sort premier des 149 qui ont réussi, sur un total de 928 candidats. À la suite de cette promotion, on le change de secteur. Désormais, il travaillera au poste 10 du centre-ville, une affectation qu'il a adorée parce qu'il y avait toujours beaucoup d'action. Mais au hasard des nouveaux besoins reliés à la restructuration, Jacques Duchesneau est transféré au poste 13, à Côte-Saint-Luc. Il devient superviseur des agents affectés à la patrouille. D'abord réticent à travailler dans un quartier qu'il ne connaît pas et qui s'annonce tranquille, il se familiarise bientôt avec ce nouvel environnement social. Il ne met pas de temps à faire bouger les choses dans ce poste réputé très calme.

> J'avais un beau petit groupe de travail. On disait qu'il ne se passait pas grand-chose au poste, mais tous les jours on enregistrait quand même des vols de rues. Il y avait donc des voleurs quelque part. J'ai commencé à mettre des agents en civil et on a fait plusieurs arrestations. En six mois, la criminalité avait baissé de façon marquée.

Après ce stage réussi de six mois dans le quartier Côte-Saint-Luc, il est nommé sergent-détective à la Section recherche et planification à titre d'analyste, pour se retrouver finalement, en 1974, enquêteur au poste 17, situé dans le Mile-End, en compagnie de Jacques Cardinal, son ancien patron des stages d'infiltration de groupes criminels.

Jacques Duchesneau entre dans ses nouvelles fonctions avec enthousiasme, curieux de connaître de plus près un autre volet du SPCUM. Il s'aperçoit bientôt que son partenaire d'enquête est peu coopératif lorsqu'il s'agit de faire des arrestations. Après lui avoir posé quelques questions, il constate que sa réticence est liée à son appréhension d'aller témoigner en cour.

Pour sa part, Jacques Duchesneau considère que le travail de policier-enquêteur consiste, entre autres, à faire des arrestations, à interroger, à monter un dossier, à recueillir des preuves et à présenter le tout devant les tribunaux. Au juge ensuite, ou au jury le cas échéant, de décider.

En plus du dossier officiel, il prend l'habitude de noter dans son carnet les moindres choses qui peuvent se produire à partir du moment de l'arrestation, y compris tous les petits incidents qui surviennent durant les interrogatoires, un geste, une intonation, et ce, jusqu'à la fin de l'enquête. Tout au long de sa carrière, Jacques Duchesneau n'éprouvera aucune réticence à aller témoigner en cour, car il s'y présente toujours muni de son précieux carnet, dans lequel tout est consigné. Il est toujours prêt à s'y référer, tant pour les avocats de la défense que pour ceux de la Couronne. Plus tard, lorsqu'il sera appelé à témoigner dans des causes importantes, il fera de son carnet une redoutable arme défensive en cour.

> Quand j'ai commencé comme détective, je me suis fait ouvrir comme une boîte à sardines par les avocats de la défense, parce que je ne savais pas tout ce que je devais comprendre de ma science. J'en ai gardé des cicatrices dans le dos. Je prenais une déclaration pour n'importe quoi, sans savoir qu'il y a des règles à suivre. On ne nous l'avait jamais montré. Je me rappelle avoir passé une journée pénible dans le box des témoins. Près du palais de justice, il y avait un magasin qui s'appelait Wilson et Lafleur, qui se spécialisait dans les livres de droit. En sortant du tribunal, je suis allé là directement, et j'ai acheté, je pense, pour à peu près 300 $ de livres sur l'art de prendre des déclarations extrajudiciaires. Après, je n'ai plus eu de cicatrices dans le dos. J'ai appris à être armé jusqu'aux dents en arrivant en cour avec mon petit carnet.

La contrepartie, pour un policier, de se présenter en cour avec des notes, c'est qu'il doit accepter de les mettre à la disposition des avocats, qui peuvent s'en servir dans leur argumentation. Mais Jacques Duchesneau ne voit aucun inconvénient à fournir ses notes. Au contraire, il s'est aperçu que, ce faisant, sa réputation d'enquêteur scrupuleux le servait avantageusement.

> J'ai déjà passé quatre jours dans un box des témoins. Les avocats n'ont jamais pu me faire dire ce qu'ils voulaient, parce que je ne l'avais pas fait et que j'en avais la preuve. Parfois, je me permettais de badiner un peu avec mes confrères, hors cour. « Avez-vous battu le détenu ? » – Non. « Pourquoi en êtes-vous si certain ? » – Un instant, je peux fouiller dans mes notes? Et je poursuivais : « Non. Si je l'avais battu, je l'aurais écrit dans mon carnet. » C'est la règle de base que j'ai adoptée : je prends des notes, je m'en sers en cour, vous voulez des copies, les voici, plus de question. Ce qui est beau dans la police, c'est que moins tu te prépares, plus tu vas être torturé dans le box des témoins. Et plus tu te prépares, plus ils vont plaider coupables. C'est paradoxal, mais c'est comme ça.

Jacques Duchesneau se marie le 22 juin 1974 avec Louise Daigneault, à l'église Saint-Gilbert de Saint-Léonard, alors que son jeune frère Jean commence lui-même sa formation à l'École de police de Nicolet. Il entreprend la construction de sa première maison, à Sainte-Dorothée, en banlieue de Montréal, dont il prendra possession trois mois plus tard. Sur le plan professionnel, sa carrière prend aussi un autre tournant.

Chapitre VII

Des interrogatoires sans question

En tant que sergent-détective, Jacques Duchesneau exerce un métier où la dimension humaine est omniprésente. Dans ses cours de cégep en techniques policières, il avait bien appris que l'aspect psychologique est capital à tous les moments de l'enquête, mais c'est surtout en menant lui-même les interrogatoires, à sa façon, qu'il développera son propre style et qu'il obtiendra ses meilleurs résultats. En 1974, il mène une enquête au cours de laquelle il a à interroger un suspect bien connu des policiers, mais de qui ces derniers n'ont jamais réussi à soutirer quelque aveu que ce soit.

> Quand je suis devenu policier, le Service comptait encore dans ses rangs plusieurs policiers anciens militaires. Ça jouait un peu dur. Je me rappelle le jour où j'ai accompagné un suspect dans une salle d'interrogatoire. C'était ma première expérience du genre. On l'avait arrêté pour vol à main armée. Quand je suis retourné quelques minutes plus tard pour l'interroger, j'ai remarqué qu'il avait quelque chose de changé. Il avait une allure différente. J'ai compris pourquoi lorsque j'ai vu son dentier sur la table. C'était un habitué des enquêtes policières et il était sûr qu'il allait se faire tabasser… « Comme d'habitude », disait-il. Il avait pris ses précautions ! Moi, je voulais utiliser une autre approche. Je n'ai jamais battu personne. J'entre dans la salle d'interrogatoire. Je parle tranquillement, j'offre un café : « Un sucre ? Deux sucres ? Du lait ? » Après ça, on parle.

Les techniques de l'époque étaient effectivement très différentes. En règle générale, les détectives posaient des questions précises. S'ils venaient d'arrêter un suspect pour vol à main armée, ils lui posaient des questions qui portaient uniquement sur le vol à main armée: les circonstances, la planification, les complices, les lieux, etc. Jacques Duchesneau se dit redevable à sa mère de son choix d'une approche plus subjective de l'interrogatoire.

> Lorsque je commençais l'interrogatoire d'un suspect, je ne parlais pas du tout du vol à main armée. Je lui parlais de sa vie. « Parle-moi de ton père. Parle-moi de ta mère. » Là, tout d'un coup, tu les voyais ramollir. « Tu es correct, toi. » À la fin, il n'était pas rare que le gars m'ait avoué 20, 30, 40 vols à main armée qu'il avait commis avant celui pour lequel on l'avait arrêté. Un des suspects avait déjà perpétré 110 vols par effraction. Il avait été appréhendé plusieurs fois, il avait été interrogé autant de fois, mais il n'avait jamais rien avoué. Quand moi, je l'ai interrogé, il m'a dévoilé des affaires qui étaient bien antérieures aux arrestations qui avaient été faites par d'autres enquêteurs. Pourtant, je faisais juste leur causer. Contrairement à ce que bien des policiers pensent, dans un interrogatoire, tu ne parles pas, tu écoutes. Je dis toujours que le bon Dieu nous a donné deux oreilles et une bouche, parce qu'il veut qu'on écoute deux fois plus qu'on parle. Certains enquêteurs pensent que, parce qu'ils sont des enquêteurs, il faut qu'ils posent des questions. Le coupable sait pourquoi il est là. Si tu ne crées pas un rapport personnel avec lui, pourquoi il te confierait qu'il a fait 110 vols par effraction ? Il n'a aucun intérêt à le faire. Il sait que plus il parle, plus il a de chances de s'en aller longtemps en prison. Cette approche-là, je la tiens de ma mère, que j'avais vue tirer aux cartes. Elle ne parlait pas beaucoup, elle écoutait, elle tournait lentement une carte, s'arrêtait, lançait quelques questions, quelques réponses. « Qu'est-ce que tu penses de ci, qu'est-ce que tu penses de ça ? » Sans trop pousser, elle finissait par tout savoir et elle donnait ses conseils en conséquence.

En plus de cette technique subjective d'interrogatoire, Jacques Duchesneau utilise également l'observation du langage non verbal. Un geste, un regard, un rictus peuvent en dire plus long sur le suspect que ses paroles prises au pied de la lettre. Toujours prêt à apprendre, il se renseigne sur la signification psychologique de certaines habitudes apparemment anodines, mais hautement révélatrices de certaines intentions cachées qu'un bon détective doit savoir décoder.

> Le sujet du langage corporel m'intéressait et j'ai voulu approfondir cette question. Je suis allé à l'Académie nationale du FBI, à Quantico, en Virginie, pour un séminaire d'une semaine qui portait uniquement sur la communication non verbale. J'avais entendu un juge recommander aux membres du jury d'un procès pour homicide d'observer davantage comment les témoins allaient témoigner que d'écouter leurs mots. « Ne prenez pas de notes sur ce qu'ils vont dire – et il pesait ses mots –, ce n'est pas important. Je vous résumerai la preuve plus tard. Mais regardez comment ils parlent, comment ils se tiennent, comment ils vont dire des choses. » Ça m'avait fasciné. Le juge avait raison. Quand quelqu'un ment, il a des réactions physiques. Par exemple, le nez lui pique. On a fait des études là-dessus. Clinton, dans l'affaire Lewinsky, combien de fois s'est-il gratté le nez devant la caméra ? Des chercheurs ont étudié cela. Il y a des vaisseaux sanguins qui sont plus activés dans le nez quand tu es dans une situation de stress émotif. Ou encore, quand quelqu'un fouille dans sa mémoire, à cause de la programmation neurolinguistique, on est capable de dire s'il cherche dans sa mémoire factuelle ou dans une mémoire inventée. Donc quand tu poses une question à quelqu'un, il fouille dans les dossiers qu'il a dans sa tête et il va te sortir la réponse. S'il est droitier et qu'il regarde à droite, c'est qu'il est en train de t'inventer quelque chose. Et à l'inverse, s'il regarde à gauche, c'est qu'il te donne un fait. Il y a toute une science là-dessus. Mais sans que ce soit aussi systématique, la simple observation du comportement corporel d'un accusé peut être très révélatrice. C'est pourquoi en plus de consigner les paroles qu'un témoin va me dire, je note aussi dans mon carnet des petits signes, un geste, un clignement prolongé des yeux après une réponse. Tout est noté.

Comme enquêteur, Jacques Duchesneau part du principe qu'avouer est un besoin. Le défi qui se présente à lui est de créer un environnement qui favorise l'expression de ce besoin et, surtout, de faire abstraction de ses propres sentiments. Lorsque le crime est particulièrement crapuleux, comme dans le cas des meurtres ou des viols d'enfants, il est parfois difficile de rester objectif et de faire fi de ses propres émotions. En tant que pères, certains enquêteurs ne peuvent s'empêcher de projeter leurs propres craintes et leur colère devant des criminels dont le sadisme envers des enfants dépasse l'entendement. Jacques Duchesneau en a fait l'expérience à deux occasions qui l'ont marqué. La première affaire s'est produite en 1977, alors que Jacques Duchesneau n'avait pas encore d'enfant. Une jeune femme était accusée d'avoir assassiné son nouveau-né.

> Elle s'était rendue à la gare centrale avec le corps de son enfant qu'elle transportait dans une valise. Un voyageur est arrivé. Il allait prendre un train pour retourner chez lui, sur la Rive-Sud. Il a remarqué la femme, ils se sont parlé et, finalement, il l'a invitée à l'accompagner à l'hôtel. Elle a accepté. Ils ont loué une chambre au Reine-Élizabeth, tout à côté. Comme la valise de la jeune femme était très lourde, le gars lui a offert de la porter, mais elle ne voulait pas. Après quelque temps, ils se sont endormis, mais elle, pour une raison qu'on ignore, elle s'est levée et a mis sa valise dans le corridor, devant la porte de la chambre. C'est un agent de sécurité qui a trouvé la valise avec le corps de l'enfant dedans. Le couple a été arrêté.

Dans ce cas comme dans bien d'autres semblables, au poste de police, on assiste à de l'indignation, doublée d'un malaise. Comment peut-on commettre un crime semblable et avoir un comportement aussi bizarre ? Aucun enquêteur ne veut interroger ce genre de criminel. Jacques Duchesneau, le seul célibataire du groupe, se porte toujours volontaire. Devant ces personnes perturbées, il est capable de rester neutre. Au lieu de les condamner par ses propos ou même par son attitude, il se montre intéressé par ce qu'elles ont à dire, tentant même de comprendre les raisons profondes de leurs gestes. Il ne se présente pas à elles comme un justicier qui les condamne d'avance, avant même de les avoir entendues, mais plutôt comme un ami prêt à accueillir leurs confidences.

> J'ai toujours constaté qu'avouer est un besoin. De nombreux procureurs de la défense ne peuvent pas croire qu'un détenu puisse faire une déclaration en prison. Mais, au contraire, tout le monde parle. Si moi, je décide de tuer quelqu'un, que je jette l'arme et que je n'en parle jamais à personne, je commets alors un crime parfait. Et il n'y a jamais personne qui va le savoir si je ne parle pas. Aujourd'hui on peut recourir à des tests d'ADN, mais à part ça, personne ne saura jamais. Lorsque des crimes de ce genre sont résolus, c'est souvent parce que le gars est revenu chez lui, il en a parlé à sa copine, il en a parlé à un ami, il s'en est vanté à quelqu'un. Tout le monde parle. Si tu es en possession d'un lourd secret, et si tu n'en as jamais parlé à personne, et que quelqu'un s'offre de t'écouter et de te comprendre, alors tu vas te confier. Le gars qui a tué sa femme, il veut le dire à quelqu'un. Si l'enquêteur lui dit : « Toi, tu es un bel écœurant », il ne parlera pas. Mais si tu dis : « Regarde, je comprends, je ne suis pas capable d'expliquer ça, mais peut-être que dans la même situation j'aurais réagi de la même façon. » À ce moment-là, il se regarde, puis il te regarde, puis il s'ouvre les yeux. Il dit : « Oui, peut-être que tu peux me comprendre. Il y a au moins quelqu'un qui veut entendre ce que j'ai à dire. » Et ça, je pense que ça m'a toujours servi. Et encore là, c'est grâce à ma mère.

Aujourd'hui Jacques Duchesneau applique le principe qu'il ne faut pas laisser en plan des matières irrésolues. Il veut les aborder de front, même lorsque la situation qui s'ensuivra sera difficile. En plus d'écrire au jour le jour ses réalisations et ses pensées quotidiennes dans son carnet, ce qui est une façon de se libérer intérieurement, il ne laisse jamais traîner des questions litigieuses et règle immédiatement les problèmes qui peuvent l'être, sans attendre.

Plus je vieillis, moins je veux garder en dedans des choses qui doivent être dites. Je ne veux pas faire de psychanalyse, mais je sais maintenant deux choses : je ne veux jamais faire de mal à quiconque, mais je ne veux pas non plus être prisonnier de secrets. Moi, je dis les choses, et une fois que c'est dit, on passe à autre chose. Il y en a qui continuent à entretenir leur bobo. Ils continuent à le gratter, donc la plaie ne se referme jamais. Même dans ma gestion, aujourd'hui, je m'attaque tout de suite aux problèmes. J'ai eu un cas de harcèlement sexuel à régler récemment. Je n'ai pas laissé traîner ça longtemps et j'ai congédié le fautif.

L'autre cas de même nature, qui a profondément troublé Jacques Duchesneau, s'est produit plusieurs années plus tard, alors qu'il était déjà père de deux enfants. C'était en 1984. Ses fils Dominic et Jean-Philippe avaient alors six et quatre ans. Affecté comme lieutenant-détective au poste du centre-ville en juin 1984, il est chargé de l'enquête sur l'enlèvement du jeune Maurice Viens, survenu en novembre suivant. Jacques Duchesneau se souvient de tous les détails.

Le jeudi 1er novembre 1984, quelqu'un vient m'informer d'une disparition d'enfant qui semblait étrange. J'ai envoyé deux détectives qui ont jugé qu'il y avait matière grave. On a immédiatement déployé toutes les ressources possibles. Le lendemain, j'ouvrais un poste de commandement. On a trouvé le corps de l'enfant le mardi 6 novembre suivant, mais entre-temps on avait mobilisé tout le Service. Avec l'aide des médias, les informations ont commencé à rentrer. Certaines pistes étaient complètement farfelues, d'autres semblaient plus sérieuses. Nos détectives vérifiaient soigneusement chacune d'entre elles. On avait même innové. J'avais un ordinateur personnel. Je l'ai apporté et on compilait les informations sur place. J'ai fait appel à un de mes amis psychologues, qui est venu nous aider. Finalement, c'est un cycliste qui faisait sa promenade hebdomadaire du samedi à Saint-Marc-sur-Richelieu qui a trouvé, sur le bord de la route, le manteau de l'enfant avec son nom dedans. C'est ça qui nous a amenés dans la région. Le dimanche et le lundi, on a quadrillé le secteur, on a essayé de trouver des indices. Toute la

> population était alertée. Finalement, quelqu'un a trouvé l'enfant le mardi, dans une maison abandonnée, et a prévenu la police.

Jacques Duchesneau se rend immédiatement sur place. La vue de cet enfant battu, violé et assassiné sauvagement le bouleverse profondément.

> Je pense que mon cœur a arrêté de battre quand je suis entré dans cette maison désertée. Le petit Maurice avait été battu violemment. Son corps était couvert de marques. Le dessous de ses ongles était incrusté de peinture de voiture. Les analyses ont démontré qu'on l'avait sans doute couché et torturé sur le capot ou le coffre. Il avait gratté la carrosserie sous l'horreur des souffrances. Son pantalon de velours côtelé de couleur bourgogne était descendu sur ses chevilles. Son petit caleçon bleu aussi. Il avait été abandonné là, la tête cachée sous un rouleau de papier goudron. Sa mort remontait au lendemain de son enlèvement. Jean-Philippe, mon plus jeune, avait le même âge, quatre ans, et il avait lui aussi un pantalon de velours côtelé bourgogne, il avait lui aussi un petit caleçon bleu, puis il avait la même tête, les mêmes cheveux. C'est seulement à ce moment-là que j'ai compris pourquoi des policiers ne voulaient pas interroger des tueurs d'enfants. Un tueur d'enfants, ce n'est pas gentil du tout, du tout, alors des fois, on fait un jugement rapide. Il n'y a rien qui puisse expliquer qu'une personne en ait tué une autre, encore moins un enfant.

Le lendemain de l'enlèvement, un chauffeur de taxi se présente à un poste de la Sûreté du Québec (SQ). Il affirme que c'est lui qui a tué l'enfant. Devant ce genre de déclarations spontanées, les policiers sont toujours méfiants, car il arrive parfois que des personnes troublées s'approprient faussement un meurtre hautement médiatisé afin d'en tirer une triste renommée. À cause de son comportement bizarre, les policiers l'ont relâché le jour même en constatant qu'ils avaient affaire à une personne confuse. Une semaine plus tard, une information dirige les soupçons vers le même chauffeur de taxi, sur qui on met immédiatement une filature. Arrêté pour avoir brûlé des feux rouges, il est ramené au poste de police, où des enquêteurs l'interrogent.

La déclaration de ce suspect a toutefois été jugée irrecevable à la suite d'une défense invoquant qu'elle était le fait d'un malade mental, donc irrecevable comme preuve dans un procès parce que non « libre et volontaire ». Jacques Duchesneau a donc dû stopper son enquête, tout en étant convaincu qu'il avait trouvé un filon porteur. Mais il n'avait qu'une preuve circonstancielle que ses procureurs n'avaient pas jugée assez solide pour pouvoir la soutenir en procès. On a envoyé le suspect se faire soigner à l'hôpital Louis-Hippolyte-Lafontaine pour malades mentaux. Jacques Duchesneau a tout de même la certitude d'avoir accompli son devoir.

> C'est un des regrets que j'ai eus dans ma carrière de ne pas avoir résolu ce crime-là. On saura peut-être un jour ce qui s'est passé. Je considère que j'ai fait mon devoir, qui est celui d'un policier, c'est-à-dire faire un travail d'enquête objectif sur des crimes commis. C'est ensuite aux tribunaux de se prononcer et de porter la responsabilité de juger du bien-fondé ou non des éléments de preuve que le policier a réunis.

Bien que cette affaire ait comporté son lot d'émotions et de regrets, le lieutenant-détective Duchesneau pouvait toutefois s'enorgueillir d'avoir réussi, l'année précédente, à faire arrêter un coupable notoire, malgré les risques de dérapage professionnel et médiatique qu'il comportait pour lui personnellement et, éventuellement, pour tout le corps policier de la Ville de Montréal. En effet, la célèbre affaire Marchessault avait fait la manchette de tous les journaux de l'année 1983 et marquera à jamais la carrière de celui qui, déjà tout petit, trouvait inadmissible qu'un policier malhonnête et corrompu, fût-il le commandant de la section la plus médiatisée du SPCUM, puisse exercer son métier en toute impunité.

Chapitre VIII

L'affaire Marchessault

La carrière de Jacques Duchesneau a été sans cesse ponctuée d'événements marquants qui ont fait la manchette des journaux. Un de ces événements spectaculaires est sans contredit ce qu'on a appelé l'affaire Marchessault, qui illustre bien comment Jacques Duchesneau réagit face à un dilemme qui oppose deux solides systèmes de valeurs.

Après avoir joué un rôle important lors de l'opération olympique, pour laquelle il remet son rapport final en septembre 1976, Jacques Duchesneau redevient enquêteur, cette fois dans la Section des vols qualifiés. En 1978, il est affecté à la Section des homicides. L'obtention de ce poste, après seulement dix ans de service, constitue en soi une reconnaissance, parce que, de toutes les unités d'opérations, c'est celle qui est la plus convoitée et la plus prestigieuse au sein du corps policier.

> Au mois d'octobre 1974, je devenais détective, le rêve de ma vie. Mais lorsque, quatre ans plus tard, on m'a demandé d'aller dans la Section des homicides, j'étais très heureux parce qu'il faut bien comprendre que, dans le corps policier, entrer à la Section des homicides est l'équivalent pour un avocat d'être nommé juge à la Cour suprême. C'est la place où tous les détectives veulent aller.

Quelques mois plus tard, on le détache temporairement de cette section pour qu'il procède à la restructuration de la Section des renseignements, où on avait décelé des problèmes lors du déroulement de certaines enquêtes. Comme il est reconnu pour monter des dossiers objectifs et factuels, c'est à lui qu'on fait appel pour redresser la situation. Ses principes de fonctionnement sont toujours les mêmes: les éléments de preuve doivent être recueillis de façon à constituer un dossier assez solide pour être déposé en cour, et présenter tous les faits, y compris les éléments disculpants. Il a la réputation de s'en tenir strictement aux faits.

Il faut savoir que le système judiciaire veut qu'une fois qu'un accusé est acquitté, faute de preuve ou pour quelque autre raison, il est impossible de l'amener à nouveau devant les tribunaux sous le même chef d'accusation[1]. Il est déjà arrivé que certains policiers, désireux de rendre leurs dossiers plus crédibles, forçaient la note et en rajoutaient afin d'être certains que les personnes qu'ils considéraient comme étant coupables ne retournent pas dans la société. Jacques Duchesneau n'a jamais procédé de la sorte. Ses raisons sont simples.

> En 1970, j'ai reçu une leçon d'un accusé. J'avais arrêté Maurice Poirier, un caïd de la rue Saint-Laurent, «la *Main*», comme on disait. Dans le temps, c'étaient les frères Poirier qui y faisaient la pluie et le beau temps. Ce Poirier venait tout juste de sortir de prison à la suite d'une inculpation de meurtre. Dans sa voiture, on avait trouvé un revolver, ce qui constituait un crime grave pour quelqu'un qui était encore en période de libération conditionnelle. On l'avait quand même amené devant les tribunaux. En attendant de passer devant le juge, j'étais avec lui dans la salle des pas perdus, et on causait. Tout d'un coup, il me dit: «Écoute-moi bien. Moi, ma job, c'est d'être bandit, et toi, c'est d'être police. Moi, j'essaie de commettre des crimes et toi, tu essayes de me poigner. Dis ce que tu as vu, ce que tu as fait, ce que tu as entendu. Rajoutes-en pas et on va toujours te respecter. Si je suis trouvé

1. Il s'agit de l'application de l'adage juridique: *Autrefois acquit, autrefois convict.*

coupable, je vais prendre mon trou. Si tu rajoutes des affaires fausses, ça, on n'aimera pas ça. » C'est une leçon dont je me suis toujours souvenu. Je n'ai jamais versé dans la fabrication de preuves. J'ai toujours marché *by the book*. C'est dans la ligne de la gentilhommerie britannique. Tu es le bandit, je suis la police ; j'essaye de t'attraper, tu essayes de te cacher. C'est le plus futé qui gagne. Ensuite, c'est aux tribunaux d'en décider. Ce n'est plus mon affaire.

Après deux ans dans la Section des homicides, il reçoit une demande du capitaine Henri Marchessault, chef de la Section des stupéfiants. Ce dernier estime qu'un nouveau superviseur aux enquêtes de la réputation de Jacques Duchesneau serait un atout dans son unité, qui accusait depuis quelque temps certains ratés de fonctionnement. Il connaissait la qualité du travail de Jacques Duchesneau. Henri Marchessault savait que dans des procès importants et hautement médiatisés qui relevaient de sa section, des bandits notoires avaient été libérés, faute de preuves ou pire, pour maladresse ou incompétence dans la préparation des dossiers destinés à la poursuite ou dans la façon de témoigner devant les tribunaux. Un redressement s'imposait.

Je suis entré à la Section des stupéfiants en 1980, parce que les policiers avaient besoin de formation. Ils s'étaient fait débouter en cour parce qu'ils travaillaient mal. Tout en travaillant au quotidien avec eux, j'ai mis en avant un programme de formation. Je suis allé chercher des avocats, des psychologues, des techniciens, qui nous ont aidés à mettre sur pied ce programme. J'ai institué de nouvelles façons de faire que j'appliquais moi-même dans le cours des affaires. J'ai écrit un document, *Le précis des faits*, dans lequel j'explique les nouvelles façons de présenter les dossiers devant les tribunaux[2]. Je leur ai appris à prendre des notes, à tout vérifier. Les dossiers se construisaient selon les règles de l'art.

2. Ce document a été réédité en 1983.

Pendant les trois ans qu'il sera à la Section des stupéfiants, il établit une relation privilégiée avec son patron, Henri Marchessault, qui l'a recruté et avec qui il travaille en étroite collaboration. Fidèle à lui-même, Jacques Duchesneau ne compte pas ses heures. Il met sur pied 14 séminaires de formation sur l'enquête criminelle tout en étant de toutes les enquêtes importantes de la section, notamment celle qu'il dirigera en vue de l'arrestation de Roger Provençal, membre du clan qui sévissait à Laval et à Montréal. En même temps qu'il s'occupe de formation et qu'il pilote les enquêtes, veillant à ce que les nouvelles procédures soient respectées religieusement, Jacques Duchesneau poursuit ses études de certificat à l'Université de Montréal. Il obtient également un diplôme du Collège canadien de Police (CCP) en technique d'enquête-drogues. On lui devra également l'adoption d'un emblème particulier à cette section et qu'il choisira avec soin : ce sera un hibou.

> Henri Marchessault était le commandant de la section. Les enquêteurs travaillaient surtout de nuit, lui, il travaillait surtout de jour. On a vécu des moments extraordinaires. J'étais avec un groupe de policiers exceptionnels. On travaillait fort ensemble. Mon fils Jean-Philippe est né en 1980. Ma femme était souvent seule. Les fins de semaine, quand j'étais en congé, j'étais tellement à bout que je dormais. En 1983, j'ai ressenti une fatigue générale. Un jour, j'arrive à la maison. Mon fils, qui avait alors trois ans, ne me reconnaît pas. Ça a été le signe déclencheur. Je voulais m'occuper davantage de ma famille. Il fallait que je change d'activité. Je suis donc retourné enquêteur au poste d'Outremont.

Ce ne sera pas pour longtemps. Quelques mois plus tard, on lui demande de redevenir superviseur des enquêtes, cette fois à la Section moralité, région du nord. Croyant avoir un peu à refaire le même travail de restructuration et de formation qu'il avait fait à la Section des stupéfiants, Jacques Duchesneau accepte avec enthousiasme, estimant que sa vie personnelle ne sera pas perturbée outre mesure, puisque c'était, en quelque sorte, du déjà-vu pour lui. Mais il ne devait pas en être ainsi, loin de là.

Un mois après avoir fait son entrée dans la Section moralité, il reçoit un coup de fil du directeur du Service de police (SPCUM) qui veut le rencontrer sur-le-champ. L'affaire est hautement confidentielle. Lorsqu'il entre dans le bureau d'André De Luca, le 9 mars 1983, Jacques Duchesneau ne veut pas croire ce qu'il entend.

> André De Luca me dit: « On a de l'information à l'effet qu'Henri Marchessault vend des stupéfiants. » Alors j'éclate de rire. Comme il me dit que c'est très sérieux, je lui réponds que je suis prêt à faire l'enquête et à lui prouver que c'est faux[3]. Ça me paraissait impossible qu'Henri Marchessault, qui était un des personnages les plus en vue de la police, qui était le capitaine-détective aimé et admiré de tous, qui réalisait les plus grosses enquêtes, qui attaquait le crime organisé, qui passait régulièrement à la télé avec ses saisies spectaculaires, commette une telle chose.

Conscient des dimensions de l'affaire, Jacques Duchesneau demande à André De Luca de lui fournir les moyens nécessaires pour bien mener cette enquête d'une nature exceptionnelle.

> Je lui ai demandé de me donner des outils pour pouvoir faire une enquête solide. Je ne pouvais pas me permettre de manquer mon coup. Ce n'aurait été bon ni pour lui ni pour nous. Il a accepté.

Jacques Duchesneau met une équipe d'enquêteurs sur pied, qu'il loge dans un appartement clandestin dans l'ouest de la ville, hors du quartier général. Il organise l'écoute électronique, y compris la construction immédiate par Bell, au coût de 8 000 $, d'une liaison

3. André De Luca avait pris la décision de lancer cette enquête délicate à partir des renseignements obtenus d'un informateur dont Jacques Duchesneau ne veut pas révéler l'identité.

téléphonique souterraine allant du quartier général jusqu'au 775 de la rue Bonsecours, où se trouvait la voûte des stupéfiants. Il obtient de maître Daniel Bellemare, procureur de la Couronne spécialisé dans l'écoute électronique, l'*affidavit* obligatoire à soumettre au tribunal. Il fait appel à deux équipes d'élite de la Gendarmerie royale du Canada (GRC), spécialisées dans la filature à partir d'autos et d'avions de surveillance. Il fait placer une caméra dans la voûte des stupéfiants, reliée à l'enregistreuse vidéo située dans la case de vestiaire d'un policier.

Il faut agir vite, mais il faut respecter scrupuleusement les marches à suivre pour obtenir une « preuve blindée » en vue de l'éventuel procès. Jacques Duchesneau a la voie libre pendant quelques jours, car Henri Marchessault est parti en vacances avec sa famille dans le Sud. Du mercredi 9 mars au lundi 14 mars, date du retour de Marchessault au bureau, il a le temps de mettre ses dispositifs en place et de prendre toutes les précautions nécessaires. Le lundi matin, il obtient juste à temps l'autorisation du juge de procéder à l'écoute électronique.

Lorsqu'il rentre de vacances, le lundi matin, Marchessault, ne se doutant de rien, reprend sa routine habituelle. Pendant toute la semaine, rien de particulier ne se produit et son comportement est on ne peut plus normal. Tout est enregistré, mais on ne remarque rien de suspect. Jacques Duchesneau se remet à croire à son innocence. Mais le vendredi après-midi, Henri Marchessault annonce, au cours d'un dîner avec un collègue, qu'il va rentrer le lendemain matin pour mettre de l'ordre dans ses papiers, prétextant avoir du travail à rattraper à cause de ses vacances. Or, pendant toutes ses années à la Section des stupéfiants, jamais Henri Marchessault n'est rentré au travail le samedi, même après des absences prolongées. Jacques Duchesneau comprend qu'il y a quelque chose d'anormal qui s'annonce et il se

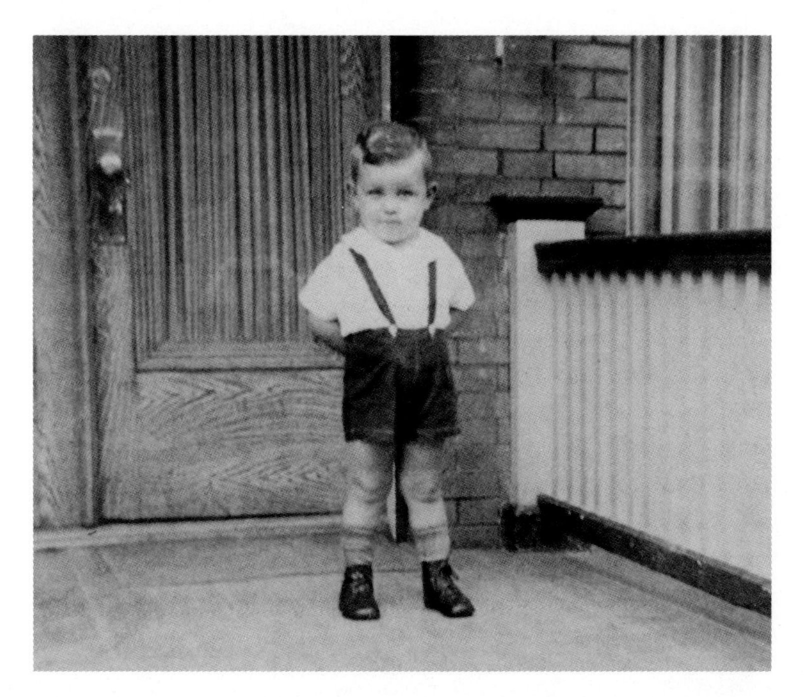

Déjà des allures de chef.

Jacques et son frère Pierre-André devant le fatidique dépanneur du 2001, Gauthier, coin Bordeaux, à Montréal vers 1952.

Le cadet de l'air assistant au décollage des avions.

En mai 1968, Jacques Duchesneau, matricule 525, frais émoulu de l'École de police de Montréal.

L'agent double Jacques Duchesneau, membre de l'escouade de filature de la police de Montréal en juin 1972.

Le père de Jacques Duchesneau, André Duchesneau, peu de temps avant son décès survenu le 2 août 1972. Il avait 49 ans.

André et Henriette lors de leur mariage le 22 décembre 1945.

En mars 1987, les policiers de l'escouade des stupéfiants avaient fait une importante saisie de drogues. À titre de directeur de la division du crime organisé, Jacques Duchesneau fit le point de presse au 775, rue Bonsecours dans le Vieux-Montréal.

En novembre 1991, à la sortie d'une perquisition en matière de stupéfiants au 2025, boulevard Grand, dans le quartier Notre-Dame-de-Grâce, alors qu'il était directeur régional de la région Ouest du SPCUM.

Photo officielle du sixième directeur du Service de police de la Communauté urbaine de Montréal (janvier 1994).

prépare en conséquence. Il sait qu'il ne dormira pas beaucoup pendant les jours suivants.

> Durant la nuit, on est aux aguets. Lorsque Marchessault sort de chez lui, le samedi matin, ça fait vingt-quatre heures que je suis debout. La filature est sur lui. Il se rend aux bureaux du 775, rue Bonsecours. Il regarde autour et entre dans la voûte des stupéfiants. La caméra enregistre tout ça. Henri Marchessault est devant les sacs. Il prend 2 kilos de cocaïne pure à 100 %, qu'il mélange avec 2 kilos de poudre blanche d'une autre substance neutre, qu'il avait apportés. Il replace sur l'étagère 2 kilos, dont le poids est inchangé, mais qui ne sont maintenant purs qu'à 50 %, et garde les deux autres, également purs à 50 %. Il prend en plus des grosses roulettes de haschisch de 2 kilos chacune. À un moment donné, arrivent deux enquêteurs qui avaient travaillé dans la nuit de vendredi à samedi et qui n'étaient pas au courant de notre opération. Marchessault les entend. Il paraît inquiet. Il sort doucement de la voûte, ferme la porte et attend nerveusement qu'ils partent. Une fois qu'ils sont partis, il retourne dans la voûte, met son stock dans une valise, sort des bureaux du 775, Bonsecours, met la valise dans le coffre de sa voiture et reprend le volant.

Pendant ce temps-là, l'équipe de filature au sol est prête à intervenir depuis la rue Bonsecours, où les voitures banalisées sont stationnées. Jacques Duchesneau quitte en vitesse l'appartement de l'ouest de Montréal, d'où il suivait à distance l'enregistrement, pour les rejoindre. Il aura le temps de se rendre, car Henri Marchessault se méfie. En expert des filatures, il tente, comme on dit dans le jargon policier, de « faire des passes », c'est-à-dire qu'il veut savoir, par des détours de trajets, s'il est suivi ou non. Il emprunte des petites rues du Vieux-Montréal, ressort par une ruelle, s'engouffre dans une autre, revient sur son parcours. Il est rassuré, voyant que personne ne le suit. Mais ce qu'il ne sait pas, c'est que deux avions de surveillance de la GRC survolent le quartier et donnent continuellement sa position à Jacques Duchesneau et aux détectives qui attendent de prendre le relais au sol. Finalement, Marchessault finit par sortir du quartier en s'engageant dans la rue Notre-Dame vers l'est. Il rentre tout bonnement chez lui, à Pointe-aux-Trembles, avec les stupéfiants toujours dans son coffre de voiture. Jacques Duchesneau décide de rester en poste, près de la maison de Marchessault, avec l'équipe responsable de la filature au sol.

Pendant la journée du samedi, Henri Marchessault vaque à ses occupations normales de week-end. Le dimanche, il va faire de petites courses dans son quartier. Les stupéfiants sont toujours dans le coffre, et sa voiture, toujours étroitement surveillée par les détectives qui restent en contact radio. Pendant la nuit, toujours rien d'anormal. Le lundi matin, Henri Marchessault part à l'heure habituelle pour se rendre au bureau. Jacques Duchesneau, qui n'a pas dormi depuis le vendredi matin, est perplexe. Que va faire son patron ? Il sait qu'il ne peut l'arrêter tout de suite parce que la preuve de malversation ne serait pas évidente. Il se remet même à croire en son innocence, supposant que Marchessault a pris ces stupéfiants en prévision d'une conférence à donner.

Il ne faut surtout rien brusquer, ne préjuger de rien et être patient. La seule option est d'attendre de pouvoir surprendre Marchessault en flagrant délit de transaction, le cas échéant. Mais les appréhensions du directeur De Luca devaient s'avérer justes. Peu avant midi, le 21 mars 1983, Marchessault reçoit un appel téléphonique. La conversation est évidemment enregistrée.

> Son « contact », un dénommé Trottier, lui demande : « Est-ce qu'on se rencontre aujourd'hui ? » Marchessault répond : « Oui, oui. On va se rencontrer à midi à la Place Versailles, même place, comme d'habitude. » Et il raccroche.

Pour Jacques Duchesneau, c'est le signal d'alerte. L'équipe de filature est sur le pied de guerre. Les avions de la GRC sortent. À 11 h 45, Marchessault sort du quartier général et se dirige vers le stationnement, où il prend sa propre voiture, et non un véhicule de police. Mettant à profit ses réflexes de policier, il prend encore une fois la précaution de s'assurer qu'il n'est pas suivi. Il emprunte des petites rues du Vieux-Montréal, entre dans la zone du port de Montréal et revient sur son chemin, un œil sur la route et l'autre sur le rétroviseur. Au moment où il sort du port, une neige blanche et douce se met à tomber à gros flocons. Tout devient blanc très rapidement. Dans les airs, les avions de surveillance ont de la difficulté à suivre Marchessault à cause du plafond de nuages, qui est très bas. Pendant ce temps, les policiers au sol réussissent à ne pas perdre de vue la voiture filée. Arrivé à la Place Versailles, Marchessault se gare dans le vaste stationnement. Il rejoint la voiture de son complice, le dénommé Trottier. Les deux hommes sortent chacun de leur voiture et la transaction a lieu au grand air, en plein midi, sous le regard des policiers qui retiennent leur souffle.

> Nos gens de filature sont cachés sur place, une équipe est dans un camion équipé d'appareils de surveillance. J'insiste pour qu'ils prennent des photos. «Je veux absolument des photos de tout cela.» On me répond que Marchessault et Trottier sont mal placés, que c'est difficile de les voir clairement. J'insiste: «Je veux des photos.» Ils réussissent à amener le camion de surveillance assez près de la voiture de Marchessault pour tout photographier avec le bon angle, avec un téléobjectif, sans attirer le moindre soupçon. C'était très important pour nous d'avoir des photos parce que, dans la voûte, Marchessault manipulait des stupéfiants. À la Place Versailles, il faisait la livraison de stupéfiants. C'était très important pour nous de photographier la transaction comme telle. On a eu le temps de prendre toutes les photos nécessaires avant que le duo se sépare. Trottier est parti de son côté avec les stupéfiants et Marchessault s'en est retourné à son auto avec, on présumait, de l'argent comptant.

L'arrestation se fera à exactement 12 h 10 le même jour, sans bavure, telle que Jacques Duchesneau l'avait planifiée au quart de tour. Après avoir quitté tranquillement la Place Versailles, Marchessault prend la direction de la voie de service de l'autoroute Hippolyte-Lafontaine vers le sud. Jacques Duchesneau envoie trois autos de filature en avant par une rue parallèle afin que ces policiers se placent devant Marchessault, qui s'y dirige. Ne perdant pas une seconde, Jacques Duchesneau et son partenaire Richard Séguin partent à sa suite. Pendant ce temps, Trottier, qui a choisi une autre direction, est pris en chasse par une autre équipe. Une fois Marchessault et Duchesneau sur la voie de service de l'autoroute, les conducteurs des trois voitures que Jacques Duchesneau avait envoyés en éclaireurs monopolisent les trois voies. Marchessault, qui circule au centre, est pris en souricière. Jacques Duchesneau et son partenaire collent de près son pare-choc.

Dans la seconde qui suit sa manœuvre, Jacques Duchesneau ordonne à ses collègues des trois autres voitures de s'arrêter brusquement, de façon à former un cercle autour de Marchessault. Pour ne pas les percuter, ce dernier freine, par réflexe. Sur ce, Jacques Duchesneau immobilise son auto de filature, sort en trombe et se précipite sur la portière de Marchessault. Son partenaire, Richard Séguin, est déjà là. Jacques Duchesneau ouvre la portière d'un geste rapide, laissant Richard Séguin sauter sur les mains de Marchessault et l'extirper rapidement hors de sa voiture. Aux aguets, les autres policiers sont témoins de la scène, revolvers aux poings, prêts à intervenir au doigt et à l'œil. Jacques Duchesneau parle encore de cette arrestation spectaculaire avec une vive émotion.

> Richard et moi, nous avions peur que Marchessault se tire une balle dans la tête avec son arme de service quand il s'apercevrait qu'il était pris. C'est pourquoi nous voulions tout de suite lui immobiliser les mains. Heureusement, il n'était pas armé. Rapidement, dès

> qu'il est hors de sa voiture, je sors les menottes. Je tremble. Il me regarde : « Non, Jacques. Pas les menottes. » Je les lui mets quand même. J'ai fait beaucoup d'arrestations dans ma vie, mais là, je ne le crois pas encore. Tout se passe très vite. J'assois Henri sur la banquette arrière de notre auto et lui dis : « Henri, dis-moi que je me trompe. » Et sa réponse a été : « Jacques, qu'est-ce que tu veux que je te dise ? » J'ai l'impression d'être tombé sur mes deux genoux du haut de la Place-Ville-Marie. Marchessault est le roi. Je vais me faire fusiller. Dans la police, l'opprobre du groupe amène des réactions tranchées.

Avant que le peloton n'entre au quartier général, Marchessault demande que ses mains menottées soient cachées sous son manteau. Dans l'ascenseur, les personnes présentes ne se doutent de rien. À l'étage des enquêtes criminelles, Jacques Duchesneau amène son ancien patron dans une salle d'interrogatoire à miroir. Il va ensuite avertir Gérald Cholette, assistant directeur du SPCUM dont Jacque Duchesneau relevait pour l'opération, que Marchessault est sous arrêt pour trafic de stupéfiants. Autour, c'est la consternation. En l'espace de quelques minutes, la nouvelle se répand au quartier général de Montréal, et dans tous les postes de police du Canada et de l'Amérique du Nord. En même temps, la deuxième équipe d'enquêteurs arrive avec Trottier, lui aussi, menottes aux poings. Les deux interrogatoires séparés commencent.

Dans les semaines qui ont suivi l'arrestation d'Henri Marchessault, Jacques Duchesneau a vécu des moments très difficiles, marqués par une profonde solitude. Il connaîtra d'abord des difficultés dans le déroulement de l'enquête. En effet, l'assistant directeur d'André De Luca, Gérald Cholette, de qui il relevait hiérarchiquement, était un homme foncièrement religieux. Aussitôt qu'il avait appris la nouvelle, il s'était investi d'une mission : celle de convertir le pécheur Marchessault. Lorsque Jacques Duchesneau lui faisait rapport sur l'avancement de l'enquête, Gérald

Cholette y puisait des arguments à ses fins de catéchiste. Il allait voir Marchessault dans sa cellule, à l'insu de Jacques Duchesneau, et redoublait ses efforts de conversion, révélant ainsi d'importants éléments de preuve. Marchessault jouait le jeu et lui laissait croire à des remords. Ce n'était pas le genre d'aide à laquelle Jacques Duchesneau s'attendait[4].

Par ailleurs, comme il l'avait prévu, beaucoup de ses collègues de travail prennent mal le geste de Jacques Duchesneau. Des rumeurs circulent. C'est le scepticisme ou l'indignation. L'arrestation n'aurait été qu'un stratagème pour que Marchessault aille en prison et y recueille des témoignages compromettants ou pour qu'il y infiltre le crime organisé. D'autres policiers insinuent que Jacques Duchesneau l'a pris au piège, « framé », comme on dit en langage policier, parce qu'il veut avoir son poste. Un groupe de policiers se cotisent pour payer les services de l'avocat de Marchessault, un criminaliste réputé, maître Gabriel Lapointe[5]. Jacques Duchesneau se sent délaissé de tous, même de ses proches.

> Personne ne voulait voir la preuve. Le gros méchant, ce n'était pas Marchessault, c'était moi. Un de mes amis m'a même dit que j'aurais pu l'avertir au lieu de l'arrêter. Seul mon partenaire comprenait. Tout le monde tirait ses propres conclusions. Ce n'est qu'à l'automne 1983, quand on a commencé à dévoiler la preuve devant les tribunaux, que les gens ont commencé à comprendre.

Sur le plan professionnel, Jacques Duchesneau est profondément déçu d'Henri Marchessault, avec qui il avait travaillé en toute confiance pendant trois ans. Il avait connu sa famille, sa femme, ses enfants. Il considérait que Marchessault l'avait trahi, lui et tous les

---

4. Gérald Cholette a quitté le SPCUM pour devenir diacre dans le diocèse de Trois-Rivières.
5. Gabriel Lapointe est décédé en 1999. Il était le frère du sénateur Jean Lapointe.

autres policiers. Longtemps après le retour à la normale, Jacques Duchesneau et d'autres enquêteurs se sont fait servir des remarques désobligeantes de la part de truands qu'ils arrêtaient pour possession de stupéfiants. « Est-ce que c'est pour Marchessault ? » se faisaient-ils souvent cracher au visage.

Sur le plan de l'amitié, il se sentait rejeté par des collègues dont il avait cru l'amitié indéfectible, et qui prenaient leurs distances par rapport à lui. Il s'attendait à une attitude différente, croyant qu'ils comprendraient qu'il n'avait pas eu d'autre choix. C'était lui qui était sur le banc des accusés alors qu'il n'avait fait que son travail, comme tout bon policier doit le faire. N'était-il pas allé au bout de son devoir, sans hésitation, malgré les aléas pénibles qui s'annonçaient et les risques immenses de dérapage dont les conséquences auraient été catastrophiques, autant pour l'immédiat que pour l'avenir de tous ?

Sur le plan personnel, Jacques Duchesneau se heurte également à l'incompréhension de sa femme, ce qui le blesse, sur le coup, au plus profond.

> Pendant tout ce temps-là, j'étais complètement seul. Quand je suis arrivé chez nous, à minuit, le lundi 21 mars 1983, j'étais épuisé. Je n'avais pas dormi depuis le vendredi matin. J'avais vécu des moments éprouvants, les pires de ma carrière de policier. La première réaction de ma femme, lorsque je me suis assis à table, dans la cuisine, ça a été de me dire : « Qu'est-ce que tu as fait ? As-tu pensé à sa femme et à ses enfants ? » J'ai eu un choc. Je me suis dit en moi-même : « La femme qui m'aime, que j'aime, qui est la mère de mes enfants, celle qui est censée m'appuyer, vient de me lancer ça. » Elle sait que je connais la femme de Marchessault, que j'aime ses enfants. Elle doit savoir à quel point mener cette opération-là a été difficile pour moi. Comment peut-elle, elle aussi, m'abandonner ? Après coup, j'ai compris qu'elle avait eu une réaction compréhensible d'épouse et de mère. Mais à ce moment-là, j'ai réalisé que j'étais seul. Les policiers ne m'appuieraient pas, les gens de l'administration ne m'appuieraient pas, les

> journaux ne m'appuieraient pas. Mes amis de travail ne m'appuyaient pas. Et là, ma femme ne m'appuyait pas. J'étais seul. Je me posais toutes sortes de questions. Sur le travail, sur l'amitié, sur l'amour. Après le 21 mars 1983, j'ai toujours eu un peu peur de la trahison.

Jacques Duchesneau se rattache alors à ses valeurs, aux principes auxquels il a toujours cru, convaincu, en dépit de tout et de tous, d'avoir bien agi. Il s'attendait bien sûr à des réactions vives, mais l'ampleur du rejet le surprend, étant donné le bien-fondé de son action.

> Je n'ai jamais eu de doute qu'il fallait que j'arrête Henri Marchessault, une fois qu'il était devenu évident qu'il avait commis un crime. Soit tu es un policier honnête, soit tu n'es pas un policier. On avait la preuve que c'était un bandit et il fallait l'arrêter. Le problème n'est pas là. C'est la conséquence de ça qui m'a surpris. Je ne comprenais pas pourquoi tout le monde, y compris ma femme, me laissait tomber alors que tout ce que j'avais fait, c'était mon travail de policier. Je passais pour un traître.

L'enfer s'est poursuivi jusque dans le box des témoins où Jacques Duchesneau est convoqué pour témoigner durant l'enquête sur cautionnement. La salle est pleine de policiers, de représentants du syndicat, d'amis, de parents et de la femme de Marchessault, sans compter les journalistes qui se sont emparés de l'affaire et la foule des simples badauds attirés par l'odeur de scandale. Chacune de ses réponses est accueillie par des murmures. La salle est bondée. Des personnes sont debout en arrière. L'atmosphère est à trancher au couteau.

La suite de l'enquête a finalement révélé que Trottier était un ancien policier avec qui Marchessault avait travaillé à la Section des filatures dans les années 1970. Ce Trottier avait quitté le corps policier peu de temps après. Henri Marchessault menait un gros train de vie. Lorsqu'il a eu besoin d'argent pour payer des dettes trop pressantes, il s'est souvenu que le père de cet ancien collègue prêtait facilement de l'argent et il l'a contacté pour faire un emprunt d'urgence. Pressé par l'obligation de le rembourser, Marchessault a commencé à vendre de la cocaïne à son ancien collègue, dont le frère était un revendeur de drogues, afin de rembourser sa dette auprès du père.

> Lorsqu'on a arrêté Marchessault, on a retrouvé sur lui non pas de l'argent, mais une quittance de dettes de 5 000 $. Il a dit qu'il s'agissait de la dernière transaction qu'il voulait faire avec le père de Trottier. Mais on a fouillé son coffret de sûreté, et on a trouvé une somme de 75 000 $. Il y a une différence entre un policier qui fait une erreur et un policier qui pose un geste malhonnête. Selon mes valeurs, si tu es policier, tu n'es pas malhonnête et tu ne commets pas de crime. Si tu es un citoyen ordinaire, tu n'en commets pas non plus. Mais si tu en fais un, moi, c'est mon travail de t'attraper et de t'amener devant les tribunaux. Ça fait partie du jeu. Si c'est un policier qui fait le crime, ce n'est pas un jeu. C'est plus grave parce qu'un policier qui commet un geste malhonnête trahit son serment d'office. C'est pour ça que je n'ai pas de regret d'avoir arrêté Henri Marchessault. Ce n'était pas un bon policier.

Le 25 novembre 1983, à l'issue d'un procès hautement médiatisé, Henri Marchessault est reconnu coupable sous neuf chefs d'accusation. Pour Jacques Duchesneau, ce verdict est lourd de signification. Par contre, il n'est pas enclin à s'ouvrir plus à fond sur ses états d'âme et sur ses réflexions personnelles, considérant qu'il n'a à révéler à personne, même à ses proches, ce qui touche à son intimité. Il considère que ni sa femme ni ses enfants n'ont à prendre sur leurs épaules le poids qu'il porte à cause de la carrière que lui a choisi d'embrasser.

> La seule chose que ma femme et mes enfants me demandent, c'est d'être un bon mari et un bon père. Le reste, je peux le garder pour moi. Ça fait partie du fardeau que j'ai à porter. Je le vis, je le comprends, je l'assimile, je tire mes conclusions, mais je suis tout seul dans cette réflexion-là. Ma mère me disait souvent : « Ça marche toujours entre tes deux oreilles. » Je me

couche, je pense à ça. Je m'en vais en auto, je pense à ça. Je regarde sous tous les angles, pensables et impensables. Et puis je tire mes conclusions et je prends les moyens pour pouvoir résoudre le problème que j'ai. Je n'ai pas besoin de faire cette réflexion-là avec d'autres personnes.

Jacques Duchesneau est lucide quant aux difficultés pour ses proches d'avoir à vivre avec lui, compte tenu de ce trait de caractère.

C'est difficile d'être ma conjointe, parce que je ne parle pas beaucoup de mes projets. J'observe, je réfléchis, je prends les moyens pour aller plus loin, pour monter. Ma chanson fétiche est d'ailleurs *Un peu plus haut, un peu plus loin* de Jean-Pierre Ferland. J'ai décidé, par exemple, de m'investir dans les études. Certains me disent: « Tu es arrivé directeur du Service de police. Bravo ! » Oui, c'est vrai. Mais au départ, je n'avais qu'une 11e année. J'ai fait mon bac, j'ai fait ma maîtrise, parce que ce que je voulais, c'était arriver à la tête de l'organisation. Je n'y ai pas juste pensé. Je suis passé à l'action. J'ai pris des cours. Je savais où je m'en allais. À mon niveau, à un moment donné, j'étais le seul à avoir une maîtrise. Ça m'a beaucoup aidé. J'étais vu comme le gars qui s'était instruit sans jamais avoir arrêté de faire de la vraie police. J'avais les deux côtés de la médaille en même temps. C'est sûr que ça m'a aidé.

Il ne veut rien exclure de ce qui pourrait lui donner des atouts qui l'aideraient à atteindre l'objectif qu'il vise, mais il garde pour lui la façon dont il entend passer concrètement à l'action.

Si j'intègre quelqu'un dans ma réflexion sur ce que je veux faire, il ne sait pas où je m'en vais. Et je n'ai pas nécessairement le goût de dire où je m'en vais. Je joue aux échecs continuellement et je suis toujours un, deux, trois coups d'avance. Quand je suis dans ma réflexion, je suis dans mon monde. Je pèse le pour, je pèse le contre. S'il faut que j'aille chercher l'appui de quelqu'un, j'y vais. Je lui donne un peu les grandes lignes de ce que je veux faire et je passe à autre chose. Je veux être seul. Si je me trompe, je suis le seul à porter le blâme. Je ne veux blâmer personne d'autre que moi. Je n'aime pas blâmer les autres.

Jacques Duchesneau laisse entendre toutefois que l'affaire Marchessault et tout ce qui l'a entourée ont touché en lui des cordes sensibles, mais il reste dans son jardin secret, guidé par une grande pudeur de sentiments.

> Mes commentaires sur l'affaire Marchessault tiennent beaucoup du reportage journalistique. Je donne les grandes lignes de ce qui s'est passé. Quant à la réflexion très intime que tu fais dans un dossier comme celui-là, je garde ça pour moi. Comment je me suis senti, ça n'a pas d'intérêt. Je peux dire : « J'ai trouvé ça très dur », mais ne me posez pas d'autres questions là-dessus parce que le reste, je vais le garder pour moi. « Ça a été dur. Parfait. Question suivante. » Ça, c'est mon intimité.

Il est par contre évident que Jacques Duchesneau a souffert, à ce moment-là, de la réprobation tacite ou déclarée de ses collègues de travail et de ceux qu'il croyait ses amis, mais il ne s'y attarde pas. Pour lui, la page est tournée.

> Que les gens m'aiment ou ne m'aiment pas, ça ne me fait pas un pli sur la différence, comme on dit. J'aimerais ça que tout le monde m'aime, mais je ne me traumatise pas parce que quelqu'un n'a pas aimé ce que j'ai fait dans les fonctions que j'ai occupées. Souvent, je dis une chose à la blague, même si de plus en plus, je commence à croire que c'est vrai. Dans les moments tendus, je dis : « Moi, de toute façon, ma mère m'aime. » C'est ça qui est mon point de référence. Si ma mère avait été déçue de moi, peut-être que j'aurais trouvé ça difficile, mais ma mère m'aime. J'agis proprement, et ma mère m'aime. Ce sont les deux choses importantes dans ma vie. Aujourd'hui ma mère n'est plus, mais mes enfants m'aiment. Maintenant ce sont eux mon point de référence. Je ne veux pas être leur héros, je veux juste qu'ils m'aiment. Moi, je les aime avec leurs qualités et leurs défauts. Moi aussi j'en ai, des qualités et des défauts, et ils doivent m'aimer comme je suis.

Chapitre IX

La notoriété et l'horreur

Le coup d'éclat de l'affaire Marchessault attirera les projecteurs sur Jacques Duchesneau. Les journalistes veulent faire connaître à leurs lecteurs les détails de l'enquête et leur présenter celui qui en est le grand artisan. Les gens en redemandent. Les chefs d'antenne l'invitent à des émissions télévisées d'affaires publiques. L'intervieweur vedette de Radio-Canada, Robert-Guy Scully, lui demande de participer à son émission *Scully rencontre* du 14 janvier 1984. Il s'agit de la première entrevue de fond de Jacques Duchesneau à la télévision. Son aisance, sa façon claire de s'exprimer et son style direct plaisent aux téléspectateurs. L'image restera. Son nom et sa réputation de policier incorruptible, au regard bleu et souriant, commencent à se graver dans l'imaginaire du grand public.

Sur le plan professionnel, le sergent-détective Jacques Duchesneau veut poursuivre sa progression. Il se présente à l'examen de lieutenant-détective, où il finit premier, mais comme le nombre de postes est restreint, il n'obtient pas de nomination correspondant à sa nouvelle qualification. Il accepte toutefois le poste de conseiller à la Direction des enquêtes spéciales (DES), croyant retourner à une vie plus calme après la tempête Marchessault. Mais alors qu'il ne s'y attendait pas, il est nommé lieutenant-détective au district 33, où il est bientôt promu responsable des enquêtes, à la Direction des enquêtes criminelles (DEC). C'est dans le cadre de ces fonctions qu'il sera chargé de l'affaire du jeune Maurice Viens [1].

Toujours infatigable, Jacques Duchesneau poursuivra parallèlement des activités d'enseignement auprès de différentes clientèles : des cours théoriques et pratiques au sein de la DEC, à la direction de l'Indemnisation des victimes d'actes criminels (IVAC), à la Commission des normes du travail (CNT), au ministère de la Main-d'œuvre et du Revenu, à l'Institut de police du Québec (IPQ), à Nicolet, et au Collège canadien de police (CCP). Il se fait peu à peu un nom comme formateur, ce qu'il confirme en publiant, en collaboration avec Marie-Claude Frenette-Coutu, professeure en techniques policières au Cégep Maisonneuve, le document *Les relations avec l'administration de la justice.*

Par ailleurs, il est souvent invité comme conférencier sur des sujets reliés au travail des policiers. Dans les écoles, où il fait connaître le programme *Disons non à la drogue,* conçu pour combattre ce fléau qui commence à se répandre chez les jeunes, ou à l'Association des directeurs de police et des pompiers du Québec (ADPPQ), où il traite de nouvelles techniques d'intervention. Il veut apporter une contribution personnelle dans le règlement de problèmes sociaux qu'il est à même de constater dans l'exercice de ses fonctions. Pour pallier les torts causés par l'affaire Marchessault, il saisit toutes les occasions de donner une meilleure image du travail de policier tel qu'il le préconise.

En 1985, il accède enfin au grade d'officier-cadre. D'abord directeur, pendant un an, du district 41, qui comprend les quartiers Ahuntsic, Nouveau-Bordeaux, Cartierville et Saraguay, il est finalement nommé directeur de la Division du crime organisé (DCO), sous la responsabilité de laquelle sont rattachées les sections Moralité, Stupéfiants et Antigangs. C'est à ce titre qu'en

1. Voir le chapitre VII.

1987, il entreprend la réorganisation de cette importante division [2].

Il se fait bientôt connaître comme un farouche combattant du crime organisé. Il s'attaque notamment à ce qu'on a appelé la filière iranienne. Habile communicateur, encore une fois, il est sous les projecteurs. Pierre Nadeau, grand reporteur de Radio-Canada, l'interviewe à son émission *Le Point* sur le commerce de l'héroïne au Canada et à travers le monde. Quelques mois plus tard, c'est au tour du journaliste Simon Durivage de le recevoir à la même populaire émission d'affaires publiques. Cette fois, Jacques Duchesneau doit expliquer sa position sur le nouveau plan américain contre la drogue. Il fera même une apparition dans *Rafale*, un film dirigé par un ami, le metteur en scène André Melançon, et dans lequel il joue le rôle d'un policier.

Sur le plan personnel, par contre, il vivra des moments difficiles qui se concluront par un divorce. Comme il a la garde partagée de ses deux fils, il sera amené à s'intéresser davantage aux services de garderie offerts par les écoles. Là encore, il ne prend pas la chose à la légère, en en suivant de près les activités. C'est ainsi que peu de temps après avoir été nommé membre du conseil d'administration de la garderie, il en devient le président. À ce titre, il s'intéresse à son fonctionnement jusqu'à piloter personnellement l'embauche d'une nouvelle directrice.

Sa carrière se déroule donc normalement, à sa manière, jusqu'au jour où il vivra, encore une fois, une expérience tristement inoubliable. Tous les Montréalais se souviendront, en effet, de cette fin d'après-midi sombre et froide du mercredi 6 décembre 1989, jour où s'est produite la tuerie de l'École Polytechnique de Montréal. Jacques Duchesneau y sera appelé d'urgence comme chef des opérations.

---

2. Voir le site Web du Service de police de la Ville de Montréal (SPVM) : www.spvm.qc.ca.

Ce jour-là, Jacques Duchesneau est en congé. En fin d'après-midi, il célèbre avec ses confrères et consœurs de classe la fin de ses cours de doctorat, à l'occasion d'un vin d'honneur qui se tient dans une salle de la faculté, à l'Université de Montréal. Vers 17 h, il quitte les lieux, car ses enfants, qui sont pensionnaires au couvent des sœurs du Mont-Jésus-Marie, situé tout près de l'Université, l'attendent. Jacques Duchesneau a une entente avec son ex-femme en vertu de laquelle, à tour de rôle, ils se relaient tous les mercredis soirs pour amener leurs deux fils souper à l'extérieur et les ramener le lendemain matin au pensionnat.

Cette semaine-là, c'est au tour de Jacques Duchesneau. Comme c'est justement l'anniversaire de la mère de ses enfants, il a décidé d'aller lui porter des fleurs, avec « ses gars », avant d'aller au restaurant. Il est environ 17 h 15 lorsqu'il quitte le pensionnat avec ses deux fils. Il entend bien des sirènes hurler autour, avec insistance. Il voit des autos-patrouilles et des ambulances circuler en tous sens. Il se passe sûrement quelque chose dans le quartier, se dit-il, mais comme il n'est pas en devoir, il ne s'en préoccupe pas trop. Dans la voiture, il parle avec ses enfants de leur journée à l'école. La radio est éteinte.

Arrivé chez son ex-femme, cette dernière, étonnée, lui ouvre la porte et lui demande aussitôt s'il est au courant de ce qui est survenu à l'École Polytechnique. C'est donc elle qui lui apprend que, selon un bulletin spécial de nouvelles diffusé sur toutes les ondes, des terroristes seraient entrés à Polytechnique et auraient tiré sur des étudiants. Ils seraient toujours sur place. Jacques Duchesneau ne fait ni une ni deux et passe immédiatement à l'action.

> À l'époque, j'étais directeur de la Division du crime organisé, mais on était deux personnes-ressources dans la police pour les cas de prise d'otages. C'était soit le commandant des crimes contre la personne qui prenait

la responsabilité de la situation, soit moi. Comme on ne pouvait pas rejoindre le commandant des crimes contre la personne, ça a été moi.

Chez son ex-femme, Jacques Duchesneau communique immédiatement avec le quartier général et fait savoir qu'il se rend immédiatement à Polytechnique pour diriger les opérations. Il passe d'abord par son domicile de l'Île-des-Sœurs, où il dépose ses fils, et se précipite à l'École Polytechnique dans une voiture de police.

> À ce moment-là, on croyait qu'il y avait non pas un, mais plusieurs tueurs. Lorsque je suis arrivé sur les lieux, des policiers et des ambulances étaient là, mais il fallait que je fasse un *briefing* avec les policiers pour voir où en était rendu la situation. Je voulais faire les étages systématiquement, un par un, pour évacuer les lieux en procédant du bas vers le haut. On faisait ça aussi rapidement que possible. Il nous restait à fouiller les quatrième et cinquième étages. Nous complétions le troisième lorsque mon ami Pierre Leclair, dont la fille était étudiante à Polytechnique et qui était commandant aux relations publiques, arrive précipitamment: «Jacques, est-ce que je peux aller voir en haut?» Je ne voulais pas qu'il parte avant que mes policiers aient sécurisé tous les étages, y compris le troisième, afin d'éviter tout risque supplémentaire de perte de vies humaines. À ce moment-là, on ne savait pas exactement qui étaient les tueurs, combien ils étaient, quelles sortes d'armes ils avaient et s'il y en avait de cachés sur les étages. On supposait le pire: qu'ils étaient plusieurs et qu'ils avaient des armes automatiques.

Jacques Duchesneau dit à Pierre Leclair qu'il peut aller aux étages déjà évacués, mais d'attendre pour faire le troisième. C'était lui demander l'impossible. Ce père angoissé ne tient pas en place. Il n'a qu'une idée en tête: trouver sa fille. Il part à toute vitesse, ouvre les portes de toutes les salles de classe qu'il trouve sur son passage. Il n'y voit pas sa fille. Finalement, il pousse la porte de la salle B-311. Une scène d'apocalypse s'offre à ses yeux. Un policier en poste, l'agent Philippe Paul, qui avait abandonné la poursuite d'un malfaiteur pour répondre à l'appel d'urgence capté sur son émetteur radio, tente de lui bloquer l'entrée, mais en vain. Pierre Leclair entrevoit sa fille étendue par terre, gisant dans son sang sous le tableau noir, à côté du corps étendu d'un jeune homme. Marc Lépine [3], les doigts toujours sur la gâchette de son arme semi-automatique [4], était horrible à voir. Son cerveau avait volé en éclats.

Le rapport du coroner [5] a indiqué que Marc Lépine avait d'abord passé plus d'une heure au bureau du registraire, situé au deuxième étage, en restant assis, silencieux et sombre, de façon à gêner l'entrée avec son sac. Lorsqu'une employée lui demande si elle peut l'aider, il quitte les lieux sans rien dire. Il se rend dans une salle de classe du même étage, où il sort son arme semi-automatique de son sac et pointe la soixantaine d'étudiants qui assistent à un cours de génie mécanique. En réponse à quelqu'un qui croit à une blague, il tire un coup de feu en l'air et ordonne aux hommes de se séparer des femmes et de sortir de la salle. Il explique froidement aux neuf étudiantes qui restent qu'il « lutte contre le féminisme ». Ignorant les protestations de l'une d'entre elles, il tire en rafales une trentaine de balles qui feront six victimes.

Poursuivant son projet de mort, il sort de la classe, blesse trois personnes dans une salle de photocopie,

---

3. À sa naissance, à Montréal, Marc Lépine s'appelait Gamel Rodrigue Gharbi, du nom de son père algérien. À son adolescence, il a pris le nom de famille de sa mère, Monique Lépine, une Québécoise, et le prénom de Marc, on ne sait trop pourquoi. Son père l'avait battu sauvagement jusqu'à l'âge de sept ans. Monique Lépine avait alors quitté son mari violent pour se réfugier à Pierrefonds, en banlieue de Montréal, avec son fils et sa fille Nadia Gharbi, décédée, depuis, d'une surdose d'héroïne. Marc Lépine, dont le visage était ravagé par l'acné, détestait toujours son père qu'il n'avait pas revu depuis son enfance. Il avait un comportement asocial. Le 6 décembre 1989, il avait 25 ans.
4. Plus exactement, un STURM Ruger Meni 14.223cal Assault Rifle semi auto.
5. Voir Judith Lachapelle, «J'ai décidé d'envoyer *ad patres* les féministes», *La Presse Plus*, 5 décembre 2004, p. 3.

vise et rate, à deux reprises, une étudiante dans un autre local. Il fait quelques pas, recharge son arme et tire sur une étudiante qui arrive au deuxième étage par l'escalier mobile. Elle s'en sort, en courant. Il change le chargeur de son arme sur un comptoir sous lequel une étudiante s'est réfugiée. Il tire sur elle et rate sa cible. Il se dirige ensuite vers les services financiers. Il vise une jeune employée à travers la vitre de la porte qu'elle vient de verrouiller en toute hâte. Il l'atteint mortellement. Il descend à l'étage inférieur par l'ascenseur, où il tue une femme près de la cuisine. Il entre dans la cafétéria, où une centaine de personnes obéissant à la panique tentent de s'enfuir. Il s'avance vers l'extrémité de la cafétéria et tire sur deux jeunes filles coincées dans un local du fond. Elles meurent sur le coup.

En cette fin d'après-midi blafarde de décembre 1989, vociférant des paroles insensées et tirant au hasard sur les femmes qu'il croisait, ce tueur fou provoquait la panique et une confusion indescriptible en semant la mort sur son passage. Rien ne semblait pouvoir l'arrêter.

Après être remonté au troisième étage, il entre en trombe dans la salle B-311, dans laquelle la fille de Pierre Leclair s'apprête à faire sa présentation avec trois de ses collègues. Marc Lépine voit trois garçons et une fille postés devant le tableau noir. Il tire sur l'étudiante, en l'occurrence, Maryse Leclair, qui s'effondre sur le coup, gravement blessée à la poitrine. Répétant la scène survenue quinze minutes plus tôt dans la salle de classe du deuxième étage, il pointe son arme d'un mouvement circulaire en direction des autres étudiants de la salle, et demande que les garçons se regroupent d'un côté et les filles de l'autre. Les étudiants stupéfaits s'exécutent, mus par la panique, l'incompréhension, l'étonnement et la peur. Puis Marc Lépine somme les garçons regroupés de sortir de la classe, laissant la dizaine d'étudiantes restantes en proie à un effroi indicible. Deux d'entre elles tentent de sortir à la suite des garçons. Il les atteint toutes les deux au dos.

Déambulant entre les allées ou sautant d'un pupitre à l'autre, l'arme toujours en joue, il tire à répétition sur les autres étudiantes de la classe qui tentent désespérément de se réfugier sous les bancs. Deux seront gravement blessées et une mourra. Il retourne ensuite vers l'avant de la salle. Voyant, à ses râlements, que l'étudiante sur qui il avait tiré en entrant était toujours en vie, il se jette à genoux près d'elle et la poignarde en plein cœur à trois reprises avec un couteau de chasse. Puis il se relève, et après avoir essuyé son couteau et déposé sur le pupitre du professeur deux boîtes de cartouches qu'il avait retirées de ses poches, il s'écrit: « Oh ! *Shit* ! » comme si l'horreur de son propre geste l'avait brusquement extirpé de son délire meurtrier. Il applique le canon de son arme sur son front et actionne la détente. Il tombe à côté de la fille de Pierre Leclair. C'est l'aboutissement de cette scène de massacre que ce dernier entrevoit par-dessus l'épaule de l'agent Philippe Paul.

Le premier réflexe de ce père en état de choc est de retourner en vitesse vers le commandant Jacques Duchesneau pour crier, le cœur déchiré, ce qu'il a vu dans la salle B-311. Mais il est presque incapable de parler. Jacques Duchesneau ne s'attendait pas à le voir dans cet état.

> Je ne savais pas que Pierre Leclair avait fait le troisième étage malgré mes ordres. Lorsqu'il vient vers moi, je suis en train de discuter des prochaines opérations avec mes policiers. Son visage est vert, et ce n'est pas une figure de style. Il murmure : « Jacques, il faut que je te parle. » Je lui réponds que je dois finir mon *briefing*. Alors il me tire dans la cafétéria au moment où des policiers trouvent les corps de deux jeunes filles qui étaient allées se réfugier derrière des haut-parleurs. Il me dit : « Ma fille est en haut. » « Comment ça, ta fille est en haut ? » Il ajoute : « C'est une des victimes. » Je lui offre d'envoyer immédiatement des ambulanciers. Il me répond : « Non, elle est morte. »

Cet événement a bouleversé toute la société québécoise et interpellé particulièrement les groupes de défense des femmes. Marc Lépine en voulait, en effet, aux femmes, qu'il ne pouvait supporter de voir s'émanciper et s'instruire. Il en avait particulièrement contre les femmes ingénieures, qu'il percevait comme des usurpatrices d'un rôle réservé exclusivement aux hommes. Quelques années plus tôt, il avait été refusé à la fois à Polytechnique, comme étudiant, puis dans les Forces armées canadiennes, comme soldat. Dans son délire vengeur, il avait ciblé uniquement des étudiantes, lesquelles étaient à ses yeux l'incarnation de la menace qu'il voulait anéantir.

Il s'en est suivi un immense débat de société dans lequel les groupes féministes étaient particulièrement vindicatifs. Les funérailles des victimes ont donné lieu à la mobilisation générale des femmes, à l'appel de l'ingénieure bien connue Micheline Bouchard[6] et de la conseillère municipale Thérèse Daviault[7], elle-même mère d'une des étudiantes assassinées ce jour-là. Elles arboraient toutes de longs foulards blancs en mémoire des victimes. Des représentants des différents paliers de gouvernement et de tous les groupes officiels de la société montréalaise et québécoise dénoncèrent d'une seule voix la violence faite à ces jeunes filles et aux femmes en général. Un mémorial a été construit quelque temps plus tard près de l'Université de Montréal où, chaque année, des cérémonies officielles rappellent la mémoire des jeunes femmes assassinées[8].

---

6. Voir l'annexe 3. Discours de Micheline Bouchard remémorant les événements.
7. Thérèse Daviault, conseillère à la Ville de Montréal, a été élue chef du Rassemblement des citoyens de Montréal (RCM) le 29 mars 1998, coiffant son rival Michel Prescott. Elle avait tenté un rapprochement avec le Parti Nouveau-Montréal, que Jacques Duchesneau fondera lors de sa brève incursion en politique (voir le chapitre XII). Ce geste entraîna une scission au sein de son parti. Elle dut finalement démissionner du RCM et ne s'est pas présentée aux élections de l'automne suivant. Elle est décédée d'un cancer généralisé en 2002.
8. En tout, 14 jeunes femmes sont mortes dans cette tuerie : Geneviève Bergeron, 21 ans ; Hélène Colgan, 23 ans ; Nathalie Croteau, 23 ans ;

Les conséquences psychologiques de cette tuerie, qui avait eu des échos dans le monde entier, se sont manifestées chez toutes les personnes qui ont été impliquées de près ou de loin dans ce drame, et notamment chez les étudiants de sexe masculin qui étaient présents dans la salle de classe, ce soir-là. Quand l'événement s'est produit, personne ne pouvait deviner que Marc Lépine n'en avait que contre les femmes. Mais après coup, à la lumière de ce qui s'était produit, ces jeunes étudiants s'étaient sentis coupables de n'être pas intervenus pour empêcher la tuerie de leurs consœurs.

Tout avait été si soudain et si imprévisible pour une communauté qui n'avait jamais connu encore un crime de cette envergure. Il était impensable qu'un tel massacre, qui était relativement fréquent aux États-Unis, se produise au Canada. Peu après, un groupe de pression fondé par des étudiants et des professeurs de Polytechnique a été mis sur pied pour réclamer du gouvernement canadien l'adoption d'une loi interdisant la vente libre d'armes au Canada, ce qui a donné, plusieurs années plus tard, le coûteux et controversé programme fédéral d'enregistrement obligatoire des armes à feu.

Une fois déposé le rapport du coroner, les journalistes avaient analysé en détail le déroulement des événements. Le travail des policiers avait été critiqué sévèrement par les éditorialistes, qui les avaient blâmés d'être restés à l'extérieur de Polytechnique en attendant de recevoir des ordres, alors que Marc Lépine était toujours dans le bâtiment et tirait sur les jeunes femmes qu'il rencontrait au hasard de sa furie. On accusait les policiers d'avoir manqué d'initiative et de courage. Un ancien directeur de police, Roland Bourget, avait expliqué que les policiers avaient eu peur de prendre de mauvaises

---

Barbara Daigneault, 22 ans ; Anne-Marie Edward, 21 ans ; Maud Haviernick, 29 ans ; Barbara Maria Klueznick Widajewicz, 31 ans ; Maryse Laganière, 25 ans ; Maryse Leclair, 23 ans ; Anne-Marie Lemay, 22 ans ; Sonia Pelletier, 23 ans ; Michèle Richard, 21 ans ; Annie St-Arneault, 23 ans ; et Annie Turcotte, 21 ans.

décisions. « Ils avaient peur de blesser quelqu'un par erreur », invoqua-t-il. En fait, les policiers avaient attendu l'ordre de leur commandant pour passer à l'action.

Depuis la tuerie de Polytechnique, des agents de sécurité ont été mis en poste partout à l'Université de Montréal et dans ses écoles affiliées, comme dans presque tous les bâtiments publics. Les autorités, les étudiants et les étudiantes, comme la population en général, sont aujourd'hui davantage conscients de l'importance de la sécurité dans les endroits fréquentés, lesquels sont devenus des cibles privilégiées pour des criminels et des terroristes à la recherche de coups d'éclat. Quant à Jacques Duchesneau, après le 6 décembre 1989, il a attendu des années, « près de dix ans », précise-t-il, avant de pouvoir remettre les pieds à l'Université de Montréal. Il a même laissé en suspens la rédaction de sa thèse de doctorat, seule pièce manquante à l'obtention de son grade supérieur. Par contre, il a vécu de près ce que représente une scène de terreur encore inimaginable, une expérience qui lui revient sans doute en mémoire aujourd'hui, alors qu'il dirige l'Administration canadienne de la sûreté du transport aérien (ACSTA), mise sur pied à la suite des événements terroristes du 11 septembre 2001.

Dans les années qui ont suivi la tuerie de Polytechnique, d'autres événements tragiques se sont produits à Montréal, dans lesquels le travail de la police a également été critiqué. L'émeute du Forum à la suite de la conquête surprise de la coupe Stanley par le Club de hockey Canadiens de Montréal, en 1993, et le décès par balle d'un jeune Noir, Marcellus François, survenu un an plus tôt pendant une intervention policière, forcèrent une réflexion des corps policiers et des élus municipaux. La célèbre affaire Barnabé, survenue en décembre 1993, cristallisa l'image d'un corps de police brutal et insensible à la détresse humaine.

Dans la nuit du 14 décembre 1993, Richard Barnabé, un chauffeur de taxi de 39 ans en état de détresse mentale, se rend au presbytère de la paroisse des Saints-Martyrs canadiens pour demander de l'aide au curé André Gazaille. N'obtenant pas de réponse, il fracasse une fenêtre et s'enfuit en voiture. Poursuivi par les policiers appelés sur les lieux, il est intercepté devant la maison de son frère Raymond, dans le quartier de Saint-Vincent-de-Paul. Conduit de force au poste de police 44, il en était ressorti sur une civière, quarante-cinq minutes plus tard, victime d'un arrêt cardiorespiratoire à la suite de manœuvres des policiers en service qui avaient voulu le maîtriser. Amené d'urgence à l'hôpital Saint-Michel, puis à l'hôpital Royal Victoria, il fut transporté finalement à l'Institut neurologique de Montréal, où il est demeuré dans un état neurovégétatif pendant plus de deux ans, jusqu'à sa mort.

Ces événements malheureux interpellent Jacques Duchesneau au plus haut point. Tout au long de sa carrière, il avait noté, dans sa tête et dans son carnet, ses observations et ses idées sur la façon dont on pouvait les éviter. Avec ces derniers événements, il est de plus en plus convaincu de l'urgence d'apporter des corrections à cet égard. Par ailleurs, la nécessité d'améliorer l'image de la police s'impose à lui avec force. Il lui tarde d'avoir la possibilité d'agir sur ces deux volets et espère de tout cœur avoir le pouvoir de le faire un jour. À tout hasard, il se prépare en conséquence, de sorte que si jamais ce jour arrive, il sera prêt à passer immédiatement à l'action.

Chapitre X

Chef au deuxième coup

Dans les mois qui ont suivi la tuerie de Polytechnique, Jacques Duchesneau reprend ses tâches courantes de policier, se donnant le temps de se ressaisir après ces tragiques événements. Moins d'un an plus tard, soit le 30 avril 1990, il est nommé directeur régional par le directeur Alain St-Germain, en poste depuis un an. Ce dernier l'affecte aux opérations de la région Ouest. Jacques Duchesneau décide alors de remplir à fond l'espace rattaché à ce poste stratégique, profitant de toutes les occasions qui se présentent pour passer à l'action. Sous sa gouverne, plusieurs opérations spectaculaires auront lieu, comme celles qu'il a appelées Grisou I et Grisou II, qui comportent un élément que Jacques Duchesneau a à cœur: l'uniforme [1].

> Je suis fier. Je porte mon uniforme fièrement parce que pour moi, l'image est très importante. L'uniforme, c'est le lien avec le public, mais l'image ne dépend pas seulement de l'uniforme. On ne me dira pas que quelqu'un qui est âgé de 20 et quelques années, parce qu'il a un uniforme et une arme à la ceinture, peut tutoyer une personne qui a l'âge d'être son père ou sa grand-mère. Ça, je ne peux pas l'accepter. C'est pour la même raison que j'ai toujours été contre les marques religieuses ou ethniques distinctives quand on porte l'uniforme. (J'étais contre le port du turban pour les

1. Le mot Grisou est un acronyme de Groupe Régional d'Interventions Spéciales Ouest.

> policiers. Ironiquement, la GRC avait accepté le principe, mais ceux qui l'avaient demandé ne le portent plus.) Parce que quand tu appelles la police, tu ne vois ni une femme, ni un homme, ni un arabe, ni un juif, ni un homosexuel. Tu vois la police. Et il faut que ça soit comme ça. Il faut que le policier soit neutre.

L'uniforme de policier est devenu pour Jacques Duchesneau une partie intégrante et visible de son identité profonde. Lorsqu'il a terminé sa carrière au sein du SPCUM, en 1998, il n'a pu faire autrement que de parler de ce que représentait, au plus profond de lui, le port de l'uniforme.

> Ce soir, je suis ému. Ému parce qu'aujourd'hui, en ce 1er avril au caractère très spécial, il y a exactement trente ans que je suis policier. Ému, je le suis aussi parce qu'aujourd'hui je porte mon uniforme de policier pour l'une des dernières fois de ma vie. Je lui fais en quelque sorte mes adieux intimes devant vous, lui qui a été ma seconde peau pendant trente ans. Lui qui m'a vu servir et protéger les citoyens et aimer infiniment mon travail. Lui qui m'a toujours donné le goût de continuer et d'honorer notre profession. Cet uniforme, vous l'aurez compris, n'est pas qu'un simple bout d'étoffe que j'ai revêtu de l'âge de 19 à 49 ans. Il aura été ma vie, ma fierté, mon idéal capable de déplacer des montagnes.

Les opérations Grisou I et Grisou II ont trait à une vaste enquête en matière de stupéfiants grâce auxquelles Jacques Duchesneau maintient sa réputation de policier efficace et déterminé à combattre le crime organisé. Réparties sur deux ans, les opérations consistaient à réagir aux problèmes de criminalité liés à la drogue par l'intervention, dans ses sept districts, de policiers en uniforme (Grisou I) et, dans une deuxième année, à procéder par anticipation en faisant entrer en scène des policiers en civil (Grisou II).

En plus de régler d'importants dossiers reliés au trafic de stupéfiants, en 1990, il est l'initiateur-concepteur d'une série télévisée portant sur le phénomène des drogues. Les émissions seront diffusées au réseau TQS sous le titre de *Zone interdite*. La même année, après avoir été nommé expert-conseil au sein du Groupe de travail sur la lutte contre la drogue, institué par le gouvernement du Québec, il devient vice-président du Comité permanent de lutte aux drogues. En 1992, il est nommé membre du Groupe de travail Corbo, mandaté pour mener une étude sur les relations de la police de Montréal avec la communauté noire. Le Groupe remettra son rapport en janvier 1993.

Toujours soucieux de sécurité publique et de formation en la matière auprès des jeunes, il est associé au lancement de la Brigade collégiale et communautaire de l'Ambulance Saint-Jean [2], à Montréal. Ses activités bénévoles auprès de cet organisme lui vaudront d'être reçu membre de l'Ordre de Saint-Jean en 1990. Il gravira finalement tous les échelons, ayant été par la suite promu successivement officier et commandeur, jusqu'au titre de chevalier en 2001.

Dans tous ces gestes d'éclat, Jacques Duchesneau ne perd jamais de vue son objectif de toujours, qui est d'arriver à la tête du SPCUM. En fait, il avait vainement

---

2. Les origines de l'Ordre de Saint-Jean remontent au Moyen Âge, en l'an 1099, à l'époque des Croisades à Jérusalem. Des hospitaliers associés à l'Ordre des templiers y avaient installé un lieu pour soigner les malades et les blessés. Au fil des siècles, l'Ordre très vénérable de l'Hôpital de Saint-Jean de Jérusalem, d'abord religieux, puis militaire, est devenu une organisation humanitaire et caritative présente partout dans le monde. Au XIXe siècle, une institution privée qui porte le nom de l'Ordre de Saint-Jean est fondée en Angleterre. À son tour, elle fondera, en 1877, l'Association de l'Ambulance Saint-Jean, dont l'objectif est d'enseigner le secourisme, le transport des blessés et les soins de santé en milieu familial ou autres. En 1888, la reine Victoria lui octroie une charte royale, l'instaurant comme Grand Prieuré d'Angleterre. À compter de 1926, la structure de l'Ordre est reconnue. Le Bailli Grand-Croix constitue le titre principal, suivi des chevaliers et des dames, des commandeurs et des officiers, des frères servants et des sœurs servantes. Au cours des décennies qui suivront, des prieurés seront établis au Canada, au pays de Galles, en Écosse, en Afrique du Sud, en Australie, en Nouvelle-Zélande et aux États-Unis. Source: www.sja.ca/french/.

tenté sa chance une première fois, en 1989, quelques mois avant la tuerie de Polytechnique, et il s'était juré que la prochaine fois serait la bonne. À l'époque, il était confiant que son dossier serait pris en considération, ses états de service, sa scolarité et sa réputation sans tache constituant déjà, selon lui, des atouts puissants.

Sur les huit candidats ayant réussi l'examen en 1989, on en retiendra trois pour l'entrevue finale. Jacques Duchesneau sera du nombre, avec Lorrain Audy et Alain St-Germain. Mais c'est ce dernier qui obtiendra le poste, alors que Lorrain Audy [3] quittera le SPCUM un an plus tard pour devenir directeur du Service de police de Hull. Les rapports entre Jacques Duchesneau et Alain St-Germain resteront plutôt froids pendant toute la durée du mandat du nouveau directeur du SPCUM. Le bruit avait couru qu'Alain St-Germain avait été nommé pour des raisons politiques alors que c'était la candidature de Jacques Duchesneau qui avait été recommandée par la firme de chasseurs de tête. Il faudra d'ailleurs qu'un an s'écoule avant qu'Alain St-Germain, cédant aux pressions de l'intérieur, ne nomme son ancien collègue et rival au poste de directeur de la région Ouest de Montréal. Comme il l'appréhendait peut-être, Jacques Duchesneau profitera de ce poste stratégique pour en mettre plein la vue.

En 1993, lorsque le poste de directeur du SPCUM s'ouvre à la suite de la démission surprise d'Alain St-Germain, Jacques Duchesneau tente à nouveau sa chance. Cette fois, il est hors de question qu'il ne réalise pas le rêve qu'il caresse depuis son enfance. Il a 44 ans. Depuis trois ans qu'il a été nommé directeur de la région Ouest, il a saisi toutes les occasions possibles de faire sa marque, de se donner une image publique

3. Lorrain Audy est décédé le 5 février 2005. Il était, depuis 2003, directeur du Bureau du président à l'Administration canadienne de la sûreté du transport aérien (ACSTA).

et de redorer le blason du SPCUM. De façon plus immédiate, déterminé à réussir cette fois-ci, le candidat Jacques Duchesneau se prépare minutieusement au concours et fourbit ses armes en prévision de l'entrevue finale à laquelle il espère être convoqué.

Comme prévu, il réussit les deux épreuves haut la main. Sa prestation à l'entrevue fait l'unanimité : le comité de sélection recommande chaudement sa candidature. Il sera assermenté le 7 janvier 1994. Il devient le sixième directeur du SPCUM. À l'époque, l'organisation est classée deuxième service de police municipal en importance au Canada et septième en Amérique du Nord. Avec un budget de 400 millions de dollars, le SPCUM doit assurer la protection de 1,8 million de citoyens répartis dans 29 municipalités.

Ce jour-là, il y aura pour Jacques Duchesneau deux grands absents : sa mère et son père [4]. Décédée trois ans plus tôt, le 27 août 1991, Henriette Duchesneau n'aura pas le plaisir de voir son fils accéder aux plus hautes fonctions. Mais Jacques Duchesneau pense à elle, comme il l'avait fait lorsqu'il était jeune cadet à Londres et qu'il avait fait seul son entrée à la tête de sa formation au palais de Buckingham. Là encore, même si sa mère ne peut assister aux cérémonies officielles, il éprouve une grande satisfaction intérieure parce qu'il sait qu'il a tout fait pour qu'elle soit fière de lui. Il pense aussi à son père, victime de policiers véreux et mort d'épuisement à l'âge de 49 ans. Il se sent alors imbu de la mission d'opérer les redressements qui s'imposent pour que le SPCUM soit à la hauteur de la conception que son père en avait malgré tout, et que la corruption en soit irrémédiablement éradiquée. C'est avec ce noble objectif en tête que Jacques Duchesneau prend la direction du SPCUM cette journée-là.

---

4. Voir l'article d'André Pratte, intitulé « Un homme », publié dans *La Presse* du 8 janvier 1994, p. A2, rendant compte de la cérémonie d'investiture (voir l'annexe 4).

Commencent alors quatre années de changements qui bouleverseront la façon dont on « fait de la police » à Montréal, depuis des décennies. Le 10 janvier 1994, soit trois jours après avoir été assermenté, le nouveau directeur annonce les grandes lignes de son programme d'action pour les années à venir. Il indique clairement qu'il veut donner un sérieux coup de barre au fonctionnement du SPCUM en annonçant déjà une restructuration des divisions et des nominations aux postes-clés. Mais d'abord, Jacques Duchesneau doit s'attaquer aux problèmes laissés en plan par son prédécesseur et réagir, dans l'immédiat, à l'affaire Barnabé[5]. Son premier devoir est d'expliquer le point de vue de la direction sur ce qui s'était réellement passé en ce soir du 14 décembre 1993, au poste 44, et de prendre les mesures disciplinaires en conséquence.

> J'ai été assermenté le 7 janvier 1994. Le 14 janvier, soit sept jours plus tard, il fallait que je suspende six policiers dans l'affaire Barnabé. J'héritais d'un problème qui avait commencé avant que je n'entre en fonction, mais maintenant, comme directeur, ça relevait de ma responsabilité. J'ai fait ce que je croyais juste à la lumière des événements. C'était comme un coup de dés : ça cassait ou ça passait. Et ça a marché parce que les policiers savaient que j'avais fait de la police. Je n'étais pas un gars de bureau. Ils savaient que j'avais personnellement participé à de gros dossiers, que j'étais sévère, mais juste. C'est d'ailleurs une remarque qui revenait souvent, dans toutes les places où j'ai été : « Il est sévère, mais juste. » Je suis comme ma mère dans cela aussi ; il n'y a pas de passe-droit. J'ai aussi retenu la leçon d'un officier qui m'avait dit, à mes débuts, que les gens vont toujours accepter qu'on soit sévère, mais ils n'accepteront jamais qu'on soit injuste. Si tu donnes à l'un et que tu ne donnes pas à l'autre, tu ne passes pas la rampe. Dans l'affaire Barnabé, ça a bien été avec le syndicat. Le président, Yves Prud'homme, m'avait dit : « Toi, on ne peut pas te brasser parce que tu as l'appui de la base. » Et je savais que j'avais cet appui pour deux

---

5. Voir le chapitre IX.

raisons: ma réputation d'homme juste et mon expérience directe des opérations.

L'affaire Barnabé avait exacerbé le climat de tension qui régnait entre la direction précédente et le syndicat des policiers. Comme nouveau directeur, Jacques Duchesneau hérite d'un sérieux problème de relations de travail qui avait miné le mandat de son prédécesseur. En janvier 1994, les policiers exercent des moyens de pression en vue de la renégociation de leur convention collective. Depuis quelques semaines, ils délaissent en partie leur uniforme et portent le jeans dans l'exercice de leurs fonctions en guise de protestation.

> Pendant mon directorat, il y a eu une dynamique bien spéciale avec le syndicat. Lorsque je suis entré en fonction, les policiers portaient des jeans. Par respect, ils ont accepté de porter leur uniforme le jour où j'ai été assermenté, puis on a réglé presque immédiatement après. Pendant les cinq ans où j'ai été directeur, on n'a jamais eu de conflit de travail. On a toujours résolu les négociations sur une base de gagnant-gagnant, où tout le monde y trouvait son compte. Et ça, c'est une chose dont je suis fier, parce que le syndicat policier, c'est un syndicat qui est assez revendicateur. Mais parfois je me demande, sans prétention, si le syndicat n'est pas aussi fort que la direction veut bien le laisser être.

Jacques Duchesneau en veut pour preuve un incident qui aurait pu mal tourner, mais dont il s'est sorti indemne, grâce à sa franchise et à son style direct. Le ton est donné et le message passe.

> Au début de mon mandat, j'avais accordé une entrevue au *Devoir*, et le syndicat avait réagi en laissant circuler des rumeurs qui étaient fausses. Je ne pouvais pas tolérer cela. J'ai immédiatement écrit une lettre à chacun des 6000 employés du Service, expliquant comment le syndicat s'était fourvoyé là-dedans. J'ai rétabli les faits, puis après ça, je n'ai plus jamais eu de problème.

Par contre, l'image générale que la population se fait de la police a été passablement ternie à la suite des différentes affaires controversées, largement médiatisées au cours des dernières années du directorat d'Alain St-Germain. Jacques Duchesneau en est bien conscient et veut corriger la situation le plus tôt possible.

Chapitre XI

Le gros œuvre : la police de quartier

Deux semaines après sa nomination, Jacques Duchesneau reçoit un appel de la nouvelle présidente de la Communauté urbaine de Montréal (CUM) qui vient, elle aussi, d'être nommée. Vera Danyluk, ancienne mairesse de Ville Mont-Royal, lui propose une rencontre de coordination de leurs stratégies communes en matière de sécurité publique. « Où serons-nous dans cinq ans ? » demande-t-elle à celui qui vient d'être nommé directeur du SPCUM presque en même temps qu'elle entre elle-même en fonction.

Jacques Duchesneau lui propose de mettre sur pied un comité de travail qui procédera à des consultations auprès des employés de la Ville et du SPCUM, sans oublier les élus, les électeurs, les décideurs et les leaders d'opinion, pour voir quels sont les besoins et les préoccupations de la population en la matière. Le nouveau directeur veut également qu'une recherche soit faite pour analyser quelles sont les meilleures pratiques policières qui ont actuellement cours dans les grandes villes du monde. Il veut notamment connaître les façons nouvelles et modernes que certains corps policiers américains ont trouvées pour répondre aux préoccupations des citoyens. Son but ultime est rien de moins que de faire du SPCUM le meilleur service policier au monde. Cette première étape de recherche et de consultation a duré environ un an, après quoi un modèle nouveau de ce que devrait être un service de police moderne s'est dégagé, qu'on nommera, à la suggestion du directeur Jacques Duchesneau, « police de quartier ».

Le modèle retenu est en fait une vision renouvelée de la conception que sir Robert Peel s'était faite au début du XIXe siècle, à Londres, de ce que devait être un policier au service de ses concitoyens. « La police est la communauté, et la communauté est la police » était l'expression fétiche de cet homme politique influent [1]. S'inspirant de l'exemple des *bobbies* londoniens, Jacques Duchesneau prône un retour aux sources : le policier doit être alerte, honnête, présent dans les rues des quartiers et à l'écoute des besoins et des préoccupations des gens qui les habitent. Avec le temps, les corps policiers s'étaient éloignés peu à peu de ce modèle en adoptant une approche plus réactive face à la criminalité, qui a pris différentes formes au cours des décennies. « Le problème comprenait quatre volets : la conception de la souveraineté datait du XVIIe siècle ; le système judiciaire datait du XVIIIe siècle ; le système policier datait du XIXe siècle et il devait affronter une criminalité du XXe siècle. Ça ne pouvait fonctionner. »

De la prohibition des années 1930 aux États-Unis, on était passé à l'application des lois transfrontalières, au combat contre le trafic de la drogue et le crime organisé, sans compter, plus récemment, la résolution de crimes économiques liés aux nouvelles technologies. Jacques Duchesneau est d'avis que jusque dans les années 1990, les corps policiers et les systèmes

1. Homme politique britannique (1788-1850). Issu d'une riche famille d'industriels, il entra aux Communes en 1809 comme député tory. Nommé secrétaire d'État pour l'Irlande, il réagit avec énergie contre l'agitation catholique. Ministre de l'Intérieur sous Liverpool et Wellington, il améliora l'appareil judiciaire, l'instruction populaire, créa une police à Londres (c'est de lui que les *bobbies* tirèrent leur surnom) et se rallia à l'émancipation des catholiques devant la recrudescence des troubles irlandais. (Source : *Le Petit Robert des noms propres*, Paris, Dictionnaire Le Robert 1995, p. 1595.) Une importante rue de Montréal porte son nom.

juridiques s'étaient mal adaptés à l'évolution des mœurs et des lois. Quoique munis d'outils plus modernes, ils avaient toutefois perdu le contact direct avec les besoins de la population.

> On a mal évolué dans le XXe siècle par rapport à ce qu'on avait mis en place au XIXe. On a eu une police de plus en plus spécialisée qui, jusqu'au début des années 1980, disait aux gens ce dont ils avaient besoin. On avait oublié l'approche client. C'est la police qui décidait pour les citoyens de ce dont ils avaient besoin. « C'est nous autres, les spécialistes. On va vous dire ce qu'il vous faut. » On a perdu le contact avec la réalité des gens ordinaires. Durant notre année de recherche, on s'est aperçus, en faisant des sondages, que davantage que la criminalité comme telle, dans l'abstrait, les gens avaient surtout peur des petits crimes qui pouvaient se produire près de leurs maisons, dans leur rue, à la sortie de leur métro. La peur de la criminalité n'était pas associée à des crimes très violents comme le meurtre spectaculaire ou le vol à main armée, mais elle était liée à de petits crimes : des bandes qui se tiennent sur le coin de la rue, des graffitis, des *pickpockets*, des ordures laissées sur le trottoir ou dans des ruelles ; des larcins de cette nature.

Bien sûr, pour combattre aujourd'hui les nouvelles formes de criminalité, les policiers doivent se munir d'outils modernes et perfectionnés. La population accepte volontiers cet état de fait. Mais pour le citoyen ordinaire, qui a à faire face à la peur quotidienne de se promener dans les rues, l'important est de sentir la présence bien visible et rassurante d'un policier en uniforme, sur qui il pourra compter en cas de besoin. Cette absence nuisait considérablement à la perception que la population avait de la police. C'est à cet aspect du travail social du policier que le modèle de poste de quartier devait entre autres s'attaquer. Jacques Duchesneau fera de la police de quartier la principale réalisation de son mandat.

Des politiques d'embauche basées sur des valeurs

Il s'attaque d'abord aux politiques d'embauche en insistant sur le profil moral qu'afficheront ceux et celles qui aspirent à devenir policiers. En plus des qualifications physiques qu'ils doivent posséder et des techniques policières qu'il leur faut évidemment maîtriser, les aspirants policiers seront tenus de partager cinq valeurs : honnêteté, respect, loyauté, intégrité et jugement.

L'honnêteté est, pour Jacques Duchesneau, une valeur cardinale, à telle enseigne qu'il acceptera volontiers qu'un policier commette une erreur, mais il ne tolérera jamais un manque d'honnêteté, si mince soit-il.

Il cite à ce sujet des études sérieuses, menées dans les années 1990, qui ont établi une corrélation entre l'importance de la corruption dans les services de police et l'incidence de petites infractions au code de déontologie policière. Ces chiffres confirmaient son intuition.

> Comme directeur, je faisais partie d'une association qui s'appelle le Major City Chiefs of Police, regroupant les 50 plus grandes villes américaines. Leurs chefs se rencontrent trois fois par année autour d'une table ronde où on parle de nos problèmes. À l'époque, on avait fait une étude sur la police de New York où il y avait pas moins de 600 policiers qui faisaient des enquêtes sur la corruption interne. Nous autres, à Montréal, on en avait 10. Avec des chiffres comme ça, les New-Yorkais étaient capables de dresser des statistiques. Or, ils se sont aperçus qu'il y avait une corrélation entre les petites infractions au code de déontologie et la grosse corruption. Le policier qui est toujours en retard, le policier qui n'est pas fier de son uniforme, le policier qui tourne les coins ronds, le policier qui est soupçonné d'avoir pris un billet de cinq dollars, c'est toujours son nom qui va sortir dans des cas plus graves. Alors si tu fais ton enquête de sélection d'une meilleure façon au départ, si tu inculques des valeurs claires, nettes et précises indiquant que si tu voles, on va te mettre à la porte, et qu'il n'y a aucun doute là-dessus, les statistiques vont s'améliorer. Ce

n'est pas la valeur du montant, c'est le geste en soi qui est révélateur.

La deuxième valeur à laquelle il tient est le respect, qui est étroitement lié à l'intégrité. Respect pour soi-même, respect pour l'uniforme, respect pour ses collègues, respect pour les prévenus, respect pour ses concitoyens. Alors, par ricochet, le respect que les citoyens eux-mêmes doivent avoir pour les policiers viendra naturellement.

Autant que l'honnêteté et le respect, la loyauté est une condition absolument essentielle, parce qu'elle est liée à la nature même du travail du policier qui prend des risques et qui doit être certain d'avoir l'appui indéfectible de son partenaire. Cette qualité sera donc hautement valorisée à tous les échelons, jusqu'au plus haut, et surtout pour le directeur Jacques Duchesneau.

La loyauté, ça ne s'apprend pas. Il n'y a aucun cours qui se donne là-dessus. De plus, quand tu es chef de police, tu es seul. L'expression anglaise le résume bien: « *You are lonely at the top.* » Quand tu occupes cette fonction-là, tu ne dois jamais avoir à te préoccuper de ton dos. La journée où tu es obligé de regarder en avant, et d'avoir des miroirs pour être bien sûr que les coups ne viennent pas par en arrière, tu es cuit. Je pense que c'est de pouvoir compter sur la loyauté de mes collaborateurs qui m'a permis de passer à travers des crises. Sur 6000 employés, tout le monde ne peut pas t'aimer. La journée où tout le monde m'aimerait, je me dirais que je n'ai pas fait mon job quelque part. Il faut que je prenne des décisions qui vont déplaire. Mais de mon groupe rapproché, j'attends une loyauté absolue. Je suis capable d'accepter des différences d'opinion, des confrontations, mais j'attends de mes collaborateurs que, lorsqu'ils passent la porte de mon bureau, ils n'ont plus le droit de dire ce qui s'y est dit. Ils le savent. Dans mon bureau, il y a un siège éjectable et c'est moi qui suis assis dessus. Quand j'ai travaillé pour des patrons, je me serais fait, pour ainsi dire, couper les deux mains plutôt que de les trahir. Je n'ai pas de mérite. Je suis fait comme ça, parce que mes parents m'ont élevé avec cette valeur. Je ne peux même pas concevoir de dire une chose d'un côté, et de me contredire de l'autre. J'exige le même comportement des autres. Je suis intraitable.

L'intégrité que Jacques Duchesneau prône est une quatrième valeur étroitement liée à son sens de l'éthique. Il est inadmissible, pour lui, qu'un policier profite de son statut pour obtenir des faveurs qu'un citoyen ordinaire ne pourrait avoir.

> Dans les années 1990, un de nos agents en devoir a reçu une contravention pour avoir garé son véhicule personnel à un endroit interdit. Furieux, il s'est rendu à l'hôtel de ville et, avec beaucoup d'insistance, a demandé au préposé qui lui avait remis son billet de l'annuler. Le préposé a naturellement refusé et notre policier a été sanctionné. Je ne le répéterai jamais assez : les policiers doivent être intègres pour préserver leur crédibilité et n'ont aucunement le droit d'invoquer leur statut pour obtenir une faveur qu'un autre citoyen ne pourrait obtenir[2].

Quant au jugement, au « gros bon sens », cinquième qualité essentielle pour un policier, Jacques Duchesneau croit aussi que ça ne s'apprend pas dans les livres, mais plutôt dans la rue.

> Il y a des gens qui ont beaucoup de diplômes, mais aucun jugement. Quand on a pris le virage de la police de quartier, je disais aux policiers : c'est vrai que la loi dit que tu peux régler tel problème avec telle solution juridique. Mais est-ce toujours nécessaire ? Tu as une vitre qui a été fracassée par quelqu'un qui tire de la carabine à plomb. Regarde à peu près où est ton angle, puis regarde la maison d'en face, puis va voir les parents. Peut-être que tu n'as pas besoin d'arrêter le jeune. Peut-être que tu peux régler ça avec les parents, sans toujours penser à une solution juridique.

Jacques Duchesneau étend même sa conception de l'exercice du jugement aux tribunaux qui, selon lui,

---

2. Extrait de l'allocution « L'éthique, on ne la reçoit pas, on se la donne », prononcée lors de la Conférence sur l'éthique dans la défense canadienne, en octobre 1997.

devraient tenir compte des types de criminels qu'ils doivent sanctionner dans le choix des peines, y compris l'emprisonnement à n'imposer qu'avec circonspection. En 1997, il s'explique dans une présentation au colloque de la Société de criminologie du Québec (SCQ).

> La prison fait du mal: elle rompt les liens familiaux ou amicaux que le criminel avait établis, elle lui fait bien souvent perdre son emploi et son logement, elle le met en contact avec d'autres criminels, et elle brise en lui le sens des responsabilités. L'individu que la prison relâche est généralement plus inadapté socialement, plus dangereux que quand il y est entré. La nocivité des prisons n'est plus à démontrer, et pourtant les prisons sont surpeuplées.

Il prône que la détermination des peines d'emprisonnement tienne compte de l'origine des criminels et des quartiers d'où ils sont issus. Il précise sa pensée dans le même discours de 1997 en plaidant en faveur de ce qu'il n'hésite pas à appeler une justice de quartier.

> Certes, la prison sera toujours indispensable pour une catégorie de criminels, mais on pourrait favoriser une justice de quartier fondée sur l'idée qu'il est essentiel de « mieux comprendre pour mieux intervenir ». Pourquoi ? Parce que les délinquants de Cartierville ne sont pas ceux de Ville-Émard/Côte-Saint-Paul, et ceux de Sainte-Anne-de-Bellevue n'ont rien à voir avec ceux de Pointe-aux-Trembles.
>
> Selon les quartiers, on pourrait s'ingénier à adapter les formes d'assistance ou de traitements psychologiques ; on pourrait créer (comme dans bien des pays) des établissements pénitenciers de petite dimension dans lesquels établir de véritables liens entre les responsables et les « pensionnaires » ; on pourrait instaurer la semi-liberté et les arrêts de fin de semaine[3].

Conformément à son système de valeurs, police de quartier et justice de quartier vont de pair. Il s'agit d'une simple question de jugement pratique et, surtout et toujours, de valeurs fondamentales.

---

3. Extrait d'une allocution prononcée à l'occasion du colloque de la Société de criminologie du Québec (SCQ), le 28 mai 1997.

On peut résumer l'approche de Jacques Duchesneau en la matière en un mot : éthique. Il ne peut tolérer que des gestes isolés de policiers, en devoir ou non, discréditent l'image de la police, conscient qu'« il faut trente ans pour la bâtir, et trois minutes pour la détruire ». Il exige de ses policiers une conduite exemplaire en tout temps. Dans un autre discours majeur prononcé également en 1997, il se montre très ferme à cet égard.

> J'ai un problème d'éthique quand un de nos policiers distribue 15 contraventions en une journée pour vitesse excessive et que lui, une fois son quart de travail terminé, retourne chez lui en roulant aussi vite que Jacques Villeneuve. Comment expliquer cela à des citoyens ?
> J'ai un problème d'éthique quand un de nos policiers arrive sur les lieux d'une bagarre dans un bar et que, plutôt que d'essayer de rétablir l'ordre, attend que le pire soit passé de peur de recevoir un coup de bouteille de bière.
> [...] Selon moi, les policiers doivent se comporter de façon à ne pas discréditer ou compromettre l'image de leur service. De plus, ils doivent afficher une conduite exemplaire, même lorsqu'ils ne sont pas en service, et maintenir une position de respect à l'intérieur de la communauté dans laquelle ils vivent et offrent leurs services[4].

Quatre axes de changement

Une fois les politiques d'embauche redéfinies en fonction des cinq valeurs fondamentales auxquelles tout policier digne de ce nom doit adhérer, Jacques Duchesneau poursuit son idée de révolutionner la « façon de faire de la police ». De plus en plus, au fil de ses recherches et de ses consultations, la formule de police de quartier lui apparaît comme la plus adaptée aux besoins de la population. Elle permet des services de proximité, elle met l'accent sur la prévention plutôt

4. *Ibid.*

que sur la répression, et personnalise les contacts avec les intervenants d'une communauté avec lesquels des liens plus étroits peuvent ensuite être tissés. Bref, aux yeux du nouveau directeur du SPCUM, la police de quartier favorise une présence active des policiers qui vont retourner à la patrouille des rues et aller physiquement à la rencontre des citoyens. Il veut que le travail de policier soit revalorisé et enrichi par une présence sociale plus accentuée.

Plus précisément, Jacques Duchesneau mettra en avant quatre axes de changement dont le premier est la « déconcentration de la responsabilité des opérations quotidiennes au niveau des postes de quartier ». Les responsables des opérations et des relations avec les citoyens seront les policiers sur place. Cette mesure lui paraît essentielle pour répondre aux besoins locaux, pour partager le pouvoir avec ceux et celles qui sont sur le terrain, pour fixer les priorités, de concert avec les élus locaux, et pour trouver des solutions aux problèmes concrets du quartier en y associant les citoyens.

Le deuxième axe de changement vise la « concentration de la responsabilité des tâches administratives et de support dans les unités de soutien ». En d'autres termes, les enquêtes générales, les unités de détention et l'analyse de criminalité sont regroupées dans quatre centres opérationnels répartis dans la Communauté urbaine de Montréal, et dont chacun desservira environ 12 postes de quartier. Le but est d'augmenter le taux de solution, de réduire les coûts de traitement de 10 % et d'accroître en même temps la qualité du service à la clientèle, la qualité du travail policier et l'efficacité générale. On encouragera de plus la spécialisation des enquêteurs dans diverses sphères d'activité, comme les crimes contre la personne, les crimes contre la propriété, les crimes généraux, les crimes sans plaignant et l'analyse. Les enquêtes spécialisées seront concentrées dans une seule direction, comme celle des homicides, des vols qualifiés, des incendies criminels ou autres sections.

Le troisième axe de changement cible la « décentralisation des pouvoirs décisionnels et budgétaires ». Les décisions concernant les problèmes locaux d'ordre fonctionnel et budgétaire seront dorénavant prises par les unités opérationnelles.

Le quatrième et dernier axe de changement vise la diminution de la hiérarchie, qui passe de neuf échelons d'autorité (agent, sergent, lieutenant, capitaine, inspecteur, inspecteur chef, assistant directeur, directeur adjoint, directeur) à quatre (sergent, superviseur, commandant de la police de quartier, directeur), abaissant ainsi le pouvoir décisionnel à des niveaux rapprochés de l'action.

On le voit : ce train de mesures déployées selon quatre axes de changement très précis, et longuement planifiées, annonçait une véritable révolution à laquelle Jacques Duchesneau se préparait de longue date. Il ne veut pas manquer son coup dans l'implantation de cette police de quartier dont il s'est fait une idée concrète à la lumière de ses consultations et de ses propres observations et réflexions de praticien. Il consacrera la deuxième année de son mandat à aller chercher des appuis politiques afin de mettre son projet en branle, ce qui fut fait assez rapidement, avec l'appui de la présidente Danyluk.

Ayant obtenu, le 29 novembre 1995[5], le feu vert et les enveloppes budgétaires nécessaires, « en vertu de la première décision unanime », souligne-t-il, du Conseil de la Communauté urbaine de Montréal, il s'affaire, au cours de la troisième année, à trouver et à aménager les nouveaux locaux qui accueilleront ce qu'on a décidé d'appeler officiellement les postes de quartier. La

---

5. Soit deux jours après l'assassinat de la policière Odette Pinard. Elle fut tuée à bout portant et pour des motifs inconnus par un homme qui entra dans le poste de Bordeaux-Cartierville, où elle était seule. Jacques Duchesneau lui a dédié le document « Ensemble pour mieux servir » sur la police de quartier.

quatrième année verra l'ouverture des 23 premiers postes et de deux centres opérationnels. Enfin, l'année suivante, ce seront 26 autres nouveaux postes et deux autres centres opérationnels. En tout, conformément au plan d'aménagement, 49 postes seront placés en plein cœur de quartiers ciblés et 4 centres opérationnels coordonneront les opérations plus générales.

Il accompagne l'opération de nombreuses sessions de communication auprès du public en général, mais aussi à l'intention des policiers et des enquêteurs qui doivent vivre les bouleversements internes que la restructuration provoque. Il participe personnellement à un sprint d'information de trente et un jours consécutifs, de façon à les convaincre du bien-fondé de ce nouveau modèle de police et les inviter à se l'approprier, en proposant des changements par rapport à ce qui était proposé ou en faisant valoir leurs points de vue. De nombreuses sessions de formation sont de plus organisées au sein du SPCUM et à l'extérieur.

> J'ai toujours voulu que mes policiers aient toute la formation dont ils avaient besoin. Lorsque j'ai implanté les postes de quartier, j'ai envoyé tous mes commandants faire des certificats en gestion à l'Université de Sherbrooke. Je voulais qu'ils deviennent plus rigoureux dans leurs évaluations et je savais d'expérience qu'on a plus de crédibilité auprès de ses subalternes lorsqu'on possède un diplôme universitaire. C'est la même chose avec le public en général. Je voulais que la police soit près de la population, mais qu'elle soit en même temps perçue comme plus professionnelle.

Administration

En même temps qu'il structure sa police de quartier, Jacques Duchesneau s'attaque à l'administration du SPCUM, qu'il veut rendre plus efficace et moins bureaucratisée en distinguant le volet gendarmerie du volet sûreté, deux modes de police distincts.

Le policier de quartier, que l'on associe à la gendarmerie, travaille à la fois sur la criminalité et sur la peur de la criminalité. Par sa présence au poste ou dans les rues des quartiers, il fait de la prévention et il agit en même temps en réaction, au cas par cas, de façon ponctuelle. Mais que ce soit en prévention ou en réaction, son rôle est de se demander en quoi consistent les problèmes concrets de la communauté qu'il dessert, à s'y attaquer et à les prévenir, si possible. Dans tous les cas, il doit établir un rapport direct avec les citoyens et les encourager à lui faire part de leurs préoccupations et de leurs craintes.

Quant à la division Sûreté, on peut y œuvrer à la fois en mode réaction et en mode anticipation, mais dans une autre perspective que dans la section Gendarmerie. Les policiers y agissent en réaction, quand un crime a été commis et qu'on tente d'en trouver l'auteur, et en anticipation, par le biais, par exemple, des interrogatoires. On espère alors recueillir des renseignements complémentaires à l'enquête, qui aideront à comprendre le contexte global dans lequel s'inscrit un crime particulier.

> On sait par exemple que monsieur X et sa bande commettent des crimes. À la Sûreté, on ne va pas attendre qu'ils agissent. On va travailler sur ces gens-là. Pour ce faire, la Sûreté a besoin de services de renseignement: par exemple, les résultats d'une enquête, les déductions qu'on a pu élaborer face à un nouvel événement qui vient de se produire. L'analyse plus poussée va se faire au niveau de la Sûreté. Mais la réaction de première ligne, le visage visible de la police, c'est le policier en uniforme de la Gendarmerie qui les assure.

Pour l'administration et la Sûreté, il envisage une structure fonctionnelle conçue, comme la police de quartier, en fonction de ces mêmes valeurs qui doivent être à la base, selon lui, de toute l'action policière dans son entièreté. Il veut d'abord réduire les procédures devenues trop bureaucratiques.

> Quand je suis arrivé comme directeur, on avait 964 procédures et directives, puis quand je suis parti, on en avait 75. En fait, je pourrais résumer ça de façon très

simple : faites pour le mieux dans le meilleur intérêt de la population et de l'organisation. Si tu pars avec ce principe-là, tu n'as pas besoin de quelqu'un pour te dire si tu as bien fait ou si tu as eu tort. On revient au gros bon sens. Ce n'est pas plus compliqué que ça, la police. On avait rendu ça lourd et compliqué. La raison pour laquelle les policiers étaient déprimés face à la haute direction, c'est que quand quelqu'un faisait quelque chose d'inapproprié, on avait six ou sept cahiers de directives à consulter. Avant de finir le premier cahier, on lui avait trouvé trois ou quatre accusations d'écarts par rapport au code de discipline. Est-ce que c'est ça qu'on veut ? Non, on veut un guide simple. Sinon, personne n'est capable de s'en sortir.

Le cabinet du directeur

Dans le fonctionnement quotidien, le nouveau directeur structure son cabinet de façon très différente de son prédécesseur. Alors que ce dernier gardait un pouvoir de type centralisateur, où de nombreuses personnes se rapportaient directement à lui, Jacques Duchesneau opte pour la délégation des pouvoirs. Il se choisit deux directeurs adjoints en qui il a pleinement confiance et il leur délègue beaucoup de responsabilités. Il s'assure notamment qu'en son absence un des deux soit toujours présent. Il se garde bien sûr le dernier mot dans les dossiers « chauds », mais chacun a toute la latitude voulue pour agir, dans son champ respectif d'intervention, en conformité avec les grandes directives et les valeurs que le directeur a données. En plus de ses deux directeurs adjoints, Jacques Duchesneau a pleinement confiance en sa chef de cabinet et en sa secrétaire. Le noyau central du pouvoir comprend donc, en plus de Jacques Duchesneau, quatre personnes.

Pendant tout son mandat, Jacques Duchesneau ne néglige jamais l'aspect relations publiques, car il veut redonner au policier la crédibilité et le respect qu'on lui témoignait autrefois. Et pour lui, la meilleure façon est de rapprocher les policiers de la population et de faire connaître la nature du travail du policier et celle du directeur du poste. Il veut de la transparence. Pour ce faire, il établira une certaine flexibilité dans l'aménagement des postes qu'il veut plus conviviaux et adaptés au mode de vie du quartier où ils sont situés. Aucune cellule de détention n'existe au poste. Ne s'y trouve finalement qu'un comptoir de police où l'on accueille les citoyens. Le modèle d'aménagement de base est le même partout, mais chaque poste possède sa couleur locale. Par exemple, les postes de la « Cité des ondes », près de la Maison de Radio-Canada, de TVA et de Télé-Québec, sont décorés différemment de ceux d'Hochelaga-Maisonneuve ou d'Outremont. Mais partout, il y a une salle de réunion que l'on met à la disposition des citoyens qui veulent faire des réunions (scouts, clubs sociaux, gens d'affaires). On veut que les citoyens s'approprient les lieux et qu'ils apprivoisent tranquillement leur police. Cette nouvelle approche, plus près des besoins des citoyens, a connu un immense succès. La criminalité de rue a baissé de façon significative, le taux de satisfaction de la population a augmenté et les coûts d'opération ont été réduits.

Un rôle social

Il restait à Jacques Duchesneau à faire un dernier redressement. Il voulait redonner au commandant du poste de quartier le rôle social que ce personnage jouait autrefois. Convaincu que cet atout contribuerait à améliorer la paix dans un quartier, il veut impliquer les milieux locaux dans le choix des candidats à ce poste en consultant les élus, les décideurs et les divers intervenants sur le profil à privilégier. Une fois en fonction, le commandant doit se faire connaître des gens des milieux politiques, communautaires et sociaux en participant aux activités de différents groupes comme les clubs optimistes, les rassemblements de jeunes, les écoles, les activités de loisir, de sport ou de formation. Le but est de faire connaître les policiers et de rétablir le lien de confiance, de solidarité et de proximité entre la population et le SPCUM.

Quant au rôle social que le directeur du SPCUM doit lui-même jouer auprès de la Ville de Montréal, Jacques Duchesneau prend conscience qu'un besoin existe de ce côté-là aussi, mais à une autre échelle. Une vaste campagne d'information est mise en branle pour expliquer les changements apportés au fonctionnement du SPCUM. Les journalistes et la population en général veulent en savoir davantage sur la police de quartier. Jacques Duchesneau reçoit de nombreuses invitations à différentes tribunes. Il se plie de bonne grâce à cette opération qui a en même temps pour conséquence de le faire connaître lui-même davantage. Chaque fois, il en profite pour se faire l'ambassadeur d'un service de police au service de la population et ouvert aux changements. Il est de plus en plus présent dans toutes sortes d'activités caritatives; mais plutôt que de participer financièrement à des collectes de fonds pour différentes œuvres de bienfaisance, ce qu'il est dans l'impossibilité de faire, il trouve un moyen ingénieux de faire des contributions « en nature ».

C'est ainsi qu'il a l'idée de l'opération Chef de police d'un jour. Pour une somme forfaitaire de quelques milliers de dollars, qui sera remise à différentes œuvres comme contribution officielle du SPCUM, on offre à quiconque remplit les conditions de devenir directeur pour une journée. Des gens d'affaires influents ont ainsi pu vivre pendant douze heures le travail du directeur de la police de Montréal et se rendre compte d'eux-mêmes que beaucoup d'aspects relevaient de la gestion, de la production et de l'administration de services, comme dans n'importe quelle entreprise, sauf que ces services pouvaient prendre des formes inusités.

> On allait chercher les chefs de police d'un jour le matin, puis ils m'accompagnaient toute la journée. Ils faisaient un don de 5 000 $ qui allait à des œuvres

comme l'Hôpital Sainte-Justine. Et chaque fois que j'ai eu des présidents d'entreprise, ils disaient découvrir un univers qu'ils ne soupçonnaient pas. Je les amenais partout, au quartier général, dans les postes, à la cavalerie du mont Royal, à l'unité canine, au laboratoire, au champ d'exercice de tir. Ils sont même venus au Conseil de la CUM rencontrer les élus. J'avisais ma présidente de notre arrivée. C'était bien fait. Les élus ont aimé ça, les chefs de police d'un jour ont aimé ça. Ils ont été nos meilleurs alliés par la suite. Je les faisais même assister à des rencontres privées de renseignement. Ils s'apercevaient que faire de la police ne consistait pas seulement à donner des contraventions, qu'on s'occupait des choses assez sérieuses. Ils ont alors commencé à me voir davantage comme un chef d'entreprise que comme un chef de police. Et ça, ça a donné beaucoup de crédibilité au Service de police.

À l'inverse, le directeur Jacques Duchesneau instituera un autre programme, qu'il a appelé Projet Cobra[6], consistant à obliger ses commandants immédiats à passer quatre jours par année dans un poste de quartier comme simple policier. L'idée était de s'assurer qu'ils n'oublient pas ce que représente le travail quotidien d'un policier de quartier, « parce qu'il est important de voir en théâtre d'opération la vraie portée de nos décisions, lesquelles sont souvent prises en vase clos[7] ». Jacques Duchesneau lui-même s'imposait l'exercice. Sa présence dans les opérations quotidiennes d'un poste de quartier ne passait pas inaperçue, d'autant plus qu'elle n'était pas toujours annoncée. Mais son leadership auprès de la base s'en trouvait toujours renforcé.

Autre programme mis en place par Jacques Duchesneau : l'Institut de partenariat de la police avec les citoyens (IPC). Créé en août 1997, l'IPC offrait un

6. Le mot Cobra est ici un acronyme de Connaissances Opérationnelles de Base Renouvelées Annuellement.
7. Extrait de l'allocution « L'éthique, on ne la reçoit pas, on se la donne », prononcée lors de la Conférence sur l'éthique dans la défense canadienne, en octobre 1997.

programme de dix semaines (à raison de deux heures et demie par semaine) à 40 citoyens désireux d'en apprendre davantage sur les réalités et les défis que vivent les policiers. L'objectif premier de l'IPC était de stimuler le rapprochement entre les policiers et les citoyens, une préoccupation constante de Jacques Duchesneau.

La sanglante guerre des motards

Selon l'ancien policier Guy Ouellette, enquêteur à la Sûreté du Québec (SQ) pendant plus de trente ans, « c'est le 14 juillet 1994 que commence véritablement la "guerre des motards"[8] », au cours de laquelle des bandes rivales se sont livrées à une lutte sans merci pour le contrôle de la vente de stupéfiants et d'autres produits de la criminalité. Ce jour-là, le corps criblé de balles d'une « relation » des Death Riders Laval est découvert dans son commerce de pièces de motos à Rivière-des-Prairies. Pendant les mois qui ont suivi, les manchettes de journaux ont fait régulièrement état d'explosions de bombes et d'exécutions violentes de personnes appartenant à différentes bandes rivales. La police rapporta 160 meurtres reliés à ce qu'on commença à appeler la guerre des motards. De ce nombre, plus d'une vingtaine étaient d'innocentes victimes qui s'étaient trouvées par hasard au mauvais endroit, au mauvais moment. Le 9 août 1995, les éclats du pare-choc d'une Jeep, sous laquelle une bombe avait éclaté, atteignirent un enfant de 11 ans, Daniel Desrochers, qui mourut à l'hôpital quelques jours plus tard.

La mort violente de cet enfant innocent interpelle l'opinion publique, qui réclame des mesures plus fermes pour que cesse la violence associée aux motards

---

8. Voir Guy Ouellet et Normand Lester, *Mom*, Montréal, Les Intouchables, 2005, p. 65. Cette section s'inspire largement de cet ouvrage, de même que de celui de Michel Auger, *L'Attentat*, Montréal, Trait d'union, 2001.

criminalisés. Des manifestations monstres sont organisées au cours desquelles on exige que le gouvernement règle le plus vite possible ce problème de violence de rue qui menace la vie de simples citoyens honnêtes. En septembre, le ministre de la Sécurité publique, Serge Ménard, annonce la création d'une unité de lutte contre les motards. Au cours de la conférence de presse, Jacques Duchesneau, directeur du SPCUM, et Serge Barbeau, son vis-à-vis de la SQ, décrivent les détails de l'escouade Carcajou[9], constituée de toute urgence du regroupement d'enquêteurs provenant des deux corps de police. La mise en commun de forces policières distinctes constitue alors une première dans la lutte au crime. L'équipe comprend 90 policiers et civils, divisée en sections chapeautant chacune six enquêteurs, un chef d'équipe et un superviseur. La Gendarmerie royale du Canada (GRC) y ajoutera ultérieurement de ses enquêteurs, patrouilleurs et membres de sa Section renseignement.

Au cours des quatre années qui ont suivi, les membres de l'escouade Carcajou, appuyés dans leur lutte par des procureurs de la Couronne déterminés, ont réussi à bâtir des dossiers solides leur permettant d'amener les dirigeants de bandes de motards criminalisés devant les tribunaux, notamment le chef des Nomads, Maurice « Mom » Boucher. En mai 1997, le gouvernement adopte une première loi antigang, la loi C-95, qui donnera de précieuses armes à l'escouade Carcajou dans sa lutte systématique contre les motards criminalisés.

En 1998, une certaine paix sociale s'est instaurée à Montréal, à telle enseigne que Jacques Duchesneau en arrive à la conclusion que le SPCUM peut se retirer du groupe Carcajou. Six escouades régionales mixtes (ERM) prendront le relais des enquêtes menées dans

9. Le carcajou est un petit animal futé qui défend avec férocité son territoire. Très vindicatif, il ne lâche jamais sa proie une fois qu'il s'en est saisi.

toutes les régions du Québec. Le durcissement, en 1998, des mesures antigangs leur permettra d'aboutir finalement à l'opération Printemps 2001, qui se soldera par l'arrestation et la mise en accusation de 122 individus, présumés dirigeants et membres importants des Hells Angels et de leurs clubs affiliés les Nomads et les Rockers. La lutte acharnée contre les motards en guerre aura donc duré huit ans, dont quatre (1994-1998) sous le règne de Jacques Duchesneau.

Cinq années bien remplies

Cinq ans après avoir été nommé directeur du SPCUM, Jacques Duchesneau s'est dit qu'il avait atteint ses objectifs : il a mis en place la police de quartier, qui lui tenait tant à cœur, il a simplifié la hiérarchie fonctionnelle et rationalisé les procédures et directives, il a restructuré l'administration et la Sûreté, il a régularisé les relations de la direction avec les syndicats et, finalement, il a participé efficacement à la lutte contre le crime organisé sur le territoire de Montréal. En plus, les sondages prouvent que l'image du SPCUM s'est considérablement améliorée : la satisfaction générale de la population est passée de 60 % à 83 % en cinq ans. Il a donc le sentiment du devoir accompli. Il était loin de se douter que sept ans plus tard, les Presses universitaires de France citeraient le modèle de police de quartier comme un exemple à suivre[10].

10. En 2006, les Presses universitaires de France publient, dans sa célèbre collection « Que sais-je ? », un ouvrage intitulé *Polices au Québec* dans lequel les auteurs s'intéressent à l'évolution de la police québécoise et à la manière dont elle a su regagner la confiance de la population. Le modèle de police de quartier, induisant une « relation renouvelée avec la population », est cité comme un exemple à suivre. Les deux auteurs, Benoît Dupont, professeur à l'Université de Montréal, et Émile Pérez, directeur de la formation de la Police nationale française, dressent un portrait très positif des polices du Québec. Selon eux, le changement d'image passe aussi par la formation des policiers, « un domaine dans lequel le Québec peut faire valoir son savoir-faire à l'étranger ».

À 49 ans, après trente ans et quatre jours à l'emploi du SPCUM, il se permet de regarder ailleurs. Comme il a acquis une stature publique indéniable, des pressions s'exercent sur lui pour qu'il se présente comme candidat aux élections municipales de Montréal, qui auront lieu la même année. Il y songe sérieusement parce qu'il a pris goût au pouvoir de faire bouger les choses et il se dit que, s'il a réussi à redresser la situation du service policier de Montréal, il pourrait bien le faire pour les Montréalais eux-mêmes, à un autre niveau.

Chapitre XII

Dernières tempêtes

Le directeur du SPCUM jouit d'une totale indépendance d'action. Nommé par le ministère de la Sécurité publique du gouvernement du Québec sur recommandation du comité exécutif de la Communauté urbaine de Montréal (CUM), le titulaire du poste a toute la latitude voulue pour mener ses opérations sans avoir à rendre compte au maire ou à toute autre personne élue au palier municipal, sauf en ce qui concerne les questions budgétaires. Il peut arriver, par exemple, que des policiers fassent des enquêtes sur des conseillers municipaux, qui auraient accepté des pots-de-vin, sans que le maire n'en soit informé. En même temps, le directeur du SPCUM doit tenir compte des répercussions, dans le public, de ses décisions à ce niveau.

Jacques Duchesneau a appris, dans l'exercice de ses hautes fonctions, à composer avec des situations délicates, parfois potentiellement explosives. Une certaine rigueur de conduite lui semble par ailleurs une condition *sine qua non* à la réussite de son action. À force de tenir compte de certaines incidences, il a développé une sensibilité à la chose publique et la conscience aiguë que ses faits et gestes peuvent être scrutés à la loupe. Il est maintenant capable de vivre quotidiennement avec cette contrainte. En ce sens, son poste de directeur du SPCUM le préparait à envisager plusieurs voies possibles, y compris celle de la politique active.

> Le chef de police d'une grande ville est un personnage visible. Il ne peut pas aller dans un restaurant, même s'il a un chauffeur, et prendre de l'alcool. S'il achète quelque chose, dans un magasin, quelque part, et que l'employé le traite mal, il ne criera pas, il gardera le contrôle, il restera courtois. Il y a des gens qui pensent que plus tu es haut dans l'organisation, plus tu as de pouvoir. Oui, tu as du pouvoir, mais dans la manière de l'exercer, je pense que c'est à l'inverse de ton statut. Quand tu es un directeur de police, tu ne peux pas crier après les gens. Si tu es un sergent, je ne dis pas que c'est bien de le faire, mais ça peut arriver et ce sera toléré. Un chef de police doit être en même temps un diplomate, un gestionnaire, un responsable de la discipline, parce que c'est lui qui est l'équivalent de la Cour suprême en matière de discipline dans l'organisation. C'est lui qui a le dernier mot sur le sort des policiers mis en accusation. Mais il doit être aussi un politicien. Il doit être tout ça, et il faut qu'il soit bon dans tout ça, tout le temps. Il se doit d'être toujours en contrôle de ses réactions. S'il ne l'est pas, la presse lui tombera rapidement dessus et sera implacable.

Jacques Duchesneau a également compris l'importance d'être bien entouré, que ce soit par des adjointes administratives efficaces et discrètes ou par des chefs de cabinet consciencieux et fins politiques. En outre, il a acquis, à la faveur de l'opération Police de quartier et de ses apparitions répétées dans les médias d'information, la stature d'un leader capable d'induire des changements dont les répercussions se font sentir de façon concrète dans la vie quotidienne des gens. Lorsque vient le temps de choisir des candidats valables pour les formations politiques, le nom de Jacques Duchesneau commence donc à circuler.

En avril 1997, il reçoit une offre du Parti libéral du Canada de se présenter comme candidat aux prochaines élections fédérales qu'on prévoit pour le début du mois de juin. La première réaction de Jacques Duchesneau sera de refuser, car il considère qu'il n'a pas tout à fait terminé son gros œuvre de la police de quartier, mais surtout, il n'a jamais vraiment songé à ce que pourrait être sa vie hors d'un service de police. Il est étonné de cette éventualité, et son premier réflexe sera de dire non. Devant les pressions plus insistantes, Jacques Duchesneau se fait toutefois perplexe. Il est très heureux dans son poste de chef de police, mais il commence à vouloir envisager d'autres voies. Il sait que son mandat se terminera dans moins d'un an et que le *momentum* est bon pour lui s'il veut s'aventurer sur le terrain de la politique.

Il décide donc de consulter un homme pour qui il a beaucoup de respect et dont il apprécie le jugement sur les choses et les gens : Pierre Péladeau, président de la société Quebecor. Ce dernier lui conseille, s'il veut vraiment faire sa deuxième carrière en politique, d'abandonner l'idée d'aller à Ottawa et de considérer plutôt de se présenter à la mairie de Montréal, pour laquelle les élections, à date fixe, sont prévues en novembre de l'année suivante. Cette fois, l'éventualité lui sourit. Évidemment, il connaît bien la scène publique montréalaise. Autre avantage, il a encore plusieurs mois devant lui pour y penser et pour terminer ce qu'il a à faire. Il continuera donc de jouer un rôle actif et bien visible, recevant même, le 25 juin 1997, ses armoiries personnelles du gouverneur général du Canada [1].

Mais la politique ne sera pas la seule option de deuxième carrière qu'il envisagera. En janvier 1998, il reçoit une offre du Conseil privé d'Ottawa de présenter sa candidature au poste de directeur du Service canadien du renseignement sur la sécurité (SCRS) [2]. Mais dans la même semaine éclate la fameuse crise du verglas qui devait priver certains Montréalais d'électricité pendant trois semaines. L'opération Survie est lancée. C'est le déclenchement des mesures d'urgence.

---

1. Voir l'annexe 1. Il choisira pour devise : *Oser, risquer, agir.*
2. Voir le site www.csis-scrs.gc.ca.

La tempête de verglas

Jacques Duchesneau est un homme de décision qui n'a pas mis de temps pour mesurer toute la gravité de la situation. Le 8 janvier 1998, soit deux jours après les premières pannes dues au verglas, il réunit son état-major et ordonne à ses policiers de visiter un par un tous les foyers des quartiers privés d'électricité[3]. On proteste qu'une telle opération est impossible, mais Jacques Duchesneau insiste : on ne laissera pas des personnes démunies mourir de froid. Dans les heures qui suivent le déclenchement de l'opération, le bien-fondé de cette mesure exceptionnelle est démontrée : on a déjà réanimé deux personnes en état d'hypothermie et on a sauvé des gens en passe de s'empoisonner parce qu'ils cherchaient à se réchauffer dans leur voiture en marche dans leur garage. En tout, plus de 237 000 foyers ont été visités au cours de cette opération inégalée dans l'histoire du SPCUM.

Il importe pour Jacques Duchesneau de rassurer la population tentée de céder à la panique devant la gravité de la situation, et il prend plusieurs décisions en saccade. Il met sur pied des patrouilles antipillage dont le rôle est de garantir aux citoyens forcés de quitter leur domicile, que leur rue, parfois évacuée en quasi-totalité, est sous surveillance policière. Pour faire face à la recrudescence des appels de détresse, on procède à une sorte d'appel à tous au sein du SPCUM. Des employés civils, secrétaires, cadres et professionnels, font du porte-à-porte préventif. Beaucoup acceptent, étant donné l'urgence, de faire de longues heures supplémentaires. Alors que le nombre d'appels enregistrés en temps normal est d'environ 1 700, le SPCUM reçoit, lors de la tempête de verglas, 3 273 appels en moyenne par jour, avec un sommet, le vendredi noir du 9 janvier, de 4 401. Malgré cette forte augmentation des demandes, le SPCUM réussit à répondre rapidement aux appels les plus urgents.

---

3. Voir l'annexe 6.

L'ancien cadet de l'air, maintenant lieutenant-colonel honoraire du premier escadron de soutien à l'aviation tactique de la base des Forces armées canadiennes de Saint-Hubert, devient copilote d'un F-18 pour une période de deux heures, le 26 mai 1994, à la base de Bagotville.

En 1995, alors que Jacques Duchesneau s'entretetient avec le Prince Phillip, duc d'Édimbourg, à l'hôtel Royal York de Toronto, suite à une cérémonie où le SPCUM est honoré pour son implication soutenue dans le Programme du duc d'Édimbourg pour la jeunesse.

Avec Linda Malo lors d'une partie de balle-molle entre le SPCUM et l'équipe du club de hockey des Canadiens de Montréal, le vendredi 30 août 1996 au parc Vinet situé à l'intersection Charlevoix et Notre-Dame Ouest, dans le secteur de la Petite-Bourgogne, à Montréal. La comédienne interprétait une policière dans la populaire série télévisée *Jasmine*.

Devant une affiche du programme Disons non à la drogue,
on reconnaît, de gauche à droite, Pat Burns, Jacques Duchesneau
et Serge Savard.

En mission à Port-au-Prince.

Jacques Duchesneau est reçu membre
de l'Ordre du Canada par Son Excellence
Le Très Honorable Roméo LeBlanc.

Le 4 octobre 1991, Jacques Duchesneau est nommé membre de l'Ordre de Saint-Jean. On le voit en compagnie du lieutenant-général Roméo Dallaire, du Très Honorable Antonio Lamer, qui deviendra juge en chef à la Cour suprême du Canada, et de l'homme d'affaires et historien Ben Weider.

Avec le comédien Marcel Lebœuf et Diane Hébert, la premièrc transplantée québécoise cœur-poumons, à l'occasion de la campagne en faveur de l'Association canadienne des dons d'organes (ACDO).

Serrant la main au président du syndicat des policiers, Yves Prud'homme.

Jacques Duchesneau, homme d'affaires, donnant une conférence sur les activités de la société Datacom, le 16 janvier 2001, à Laval.

Jacques Duchesneau prononçant une conférence sur le contre-terrorisme, à San Francisco en 2005.

Membres du comité de direction de l'ACSTA (de gauche à droite) : Jacques Grilli, vice-président, Opérations, Kevin McGarr, vice-président et chef de la technologie, Renée Légaré, vice-présidente, capital humain, Michael McLaughlin, vice-président et chef de la direction financière, Mark Duncan, vice-président exécutif et chef des opérations.

En ce qui concerne la présence des policiers dans les rues, Jacques Duchesneau procède à un réaménagement des effectifs en doublant le nombre des autos-patrouilles dans lesquelles il jumelle des policiers en uniforme et des détectives qui acceptent ces réaffectations inhabituelles. Cette mesure a le mérite d'accroître considérablement le nombre de policiers en devoir, en augmentant la présence rassurante des autos-patrouilles.

Il fait partie du comité de crise du premier ministre du Québec, Lucien Bouchard, et crée son propre comité de crise chargé de l'informer du déroulement de l' opération Survie et de l'aviser des différents scénarios graves susceptibles de se produire. Ce comité a également la responsabilité de fournir les ressources appropriées aux unités opérationnelles à l'œuvre sur le terrain. Il ouvre un centre de commandement et de suivi opérationnel qui lui permet de scruter, au fur et à mesure, l'état de la situation et la répartition des ressources.

Comme la tempête s'étend au-delà des limites de la CUM, Jacques Duchesneau lance l'opération Appui à la Montérégie, grâce à laquelle des liens sont établis avec les services de police des autres municipalités touchées, afin de coordonner les interventions, notamment en ce qui concerne les ponts, que l'on ferme, et les vastes opérations de déglaçage.

Le directeur du SPCUM devra également coordonner la collaboration d'autres forces de l'ordre venues à la rescousse sur son territoire, notamment l'armée canadienne, dont les soldats étaient déployés pour l'enlèvement des arbres déracinés et des branches qui s'amoncelaient dans les rues, les rendant d'autant plus impraticables qu'aucun feu de circulation ne fonctionnait.

Jacques Duchesneau se distingua surtout par sa décision historique d'interdire, le fameux 10 janvier au soir, l'accès au centre-ville à toute la population, ce qui impliquait que le match de hockey prévu ce jour-là soit annulé. Malgré les protestations du président du Club de hockey des Canadiens de Montréal, Ronald Corey, qui voulait l'approbation préalable du président de la ligue nationale, Jacques Duchesneau interdit la tenue de la joute, car de gros morceaux de glace tombaient des gratte-ciel. C'était un problème de sécurité publique. Il jugeait que la gravité de la situation justifiait une telle décision, afin de permettre aux forces policières d'agir dans le meilleur intérêt de la population dans ces circonstances totalement hors du commun. Pendant toute la durée de la crise du verglas, Jacques Duchesneau est constamment conscient qu'il a entre autres pour rôle de rassurer la population et qu'il ne doit pas s'en tenir uniquement à la direction des opérations de ses policiers.

Le vendredi 9 janvier au soir, les responsables de l'usine d'épuration des eaux avisèrent les autorités qu'il y avait pénurie d'essence pour alimenter la génératrice principale. Jacques Duchesneau émit des communiqués « pour faire contrepoids » aux rumeurs de toutes sortes qui circulaient et pour calmer les esprits. Il s'occupait donc parallèlement des problèmes quotidiens de logistique et de la peur que la situation troublante provoquait.

Plusieurs années plus tard, Jacques Duchesneau jette un regard de satisfaction sur la façon dont le SPCUM a réagi, avec efficacité et célérité, devant la gravité de la situation, sans perdre de temps à longuement soupeser l'à-propos de chaque décision. Pour Jacques Duchesneau, il faut « oser, risquer, agir ». En temps de crise surtout, c'est pour lui la seule réaction efficace possible.

> On considère maintenant la manière dont le Service de police de Montréal a réagi à la tempête de verglas comme un modèle d'excellence en matière de gestion des crises. Certes, le Service de police a pris un risque en lançant une opération avec autant d'éléments improvisés et élaborés d'heure en heure. Mais cette réactivité et cette capacité de reconnaître le danger ont permis d'éviter que la situation ne se dégrade. Cela

confirme qu'il ne sert à rien d'élaborer de belles stratégies complexes et de tenter de les appliquer au moyen d'une série de décisions parfaites, bien nettes et ciselées à partir de circonstances inscrites dans la normalité. C'est hors réalité. Il vaut mieux courir le risque de faire les choses différemment, de réinventer. Ceux qui prennent des risques sont ceux qui font avancer les choses.

L'engagement politique

Une fois la tempête de verglas terminée, la vie normale reprendra son cours et Jacques Duchesneau reviendra à ses réflexions sur sa carrière. En mars 1998, après avoir évalué les appuis qu'il pourrait aller chercher et considérer les atouts qu'il pourrait présenter à la population face aux autres candidats à la mairie, il prend sa décision : il se présentera aux élections de novembre prochain.

En quelques semaines, Jacques Duchesneau annoncera sa retraite du SPCUM, posera les jalons d'une nouvelle formation politique municipale, s'assurera de l'appui de personnalités importantes et jettera les bases d'une structure financière adéquate auprès de partisans nouvellement recrutés. Le 19 mars 1998, il annonce officiellement sa retraite, qui prendra effet « à minuit », le 4 avril suivant. Le 6 avril, il convoque la première réunion de son équipe politique. Le 30 avril, il annonce publiquement sa candidature à la mairie de Montréal, à la tête d'une nouvelle formation politique appelée le parti Nouveau-Montréal. Désormais, toutes ses énergies sont concentrées sur sa prochaine campagne qui sera officiellement lancée le 4 septembre.

Sa décision est bien réfléchie. Il croit avoir la notoriété, la préparation et la crédibilité nécessaires pour réussir à déloger le maire Pierre Bourque, qui se représente à la tête de son parti Vision Montréal. Il est confiant qu'il saura convaincre ses concitoyens qu'il est capable de passer du rôle de policier incorruptible à celui du politicien honnête, qui leur donnera l'heure juste en tout temps, car il a bien l'intention de leur dire la vérité. Il se lancera dans un combat qui l'enthousiasme, même s'il n'en connaît pas encore toutes les règles.

En mai 1998, sa campagne électorale commence en lion. La figure est nouvelle et le programme promet de redresser la situation préoccupante des finances publiques. Mais peu à peu, le candidat Duchesneau se laisse doubler par son adversaire. Ses conseillers en image le convainquent qu'il doit mettre en sourdine son passé de policier, au point qu'ils lui interdisent de porter des costumes bleus ! Au lieu d'arriver avec des chiffres accablants de vérité et des trains de mesures correctrices précises, on lui suggère de séduire l'électorat en lançant des formules imagées. Dans les conférences de presse et dans ses discours, on lui demande de rester vague au lieu de présenter des solutions limpides d'efficacité. C'était trop demander à cet homme direct, qui n'a jamais su faire de compromis avec la vérité.

> Quand j'étais directeur, je disais la vérité et j'ai voulu transposer ça quand je suis allé en politique. Mais en politique, les gens n'ont rien à faire de la vérité. Je disais la vérité, mais les gens ne m'entendaient pas. Ce que j'ai compris après coup, c'est qu'en politique il faut d'abord que tu te fasses élire, puis après ça seulement, tu peux changer les choses. Ma campagne consistait justement à proposer des changements d'avance. Je n'ai pas été élu. Et si tu n'es pas élu, tu ne peux rien changer. J'ai compris cette règle-là après ma campagne.

En bon bagarreur, il va même jusqu'à donner des preuves de certaines malversations dont il a été témoin et qu'il veut dénoncer, mais ses révélations tombent à plat.

> Durant la campagne, j'ai soulevé des problèmes. Puis contrairement au dicton anglais : *What you see is what you get,* je voulais sortir des scandales cachés que je trouvais inacceptables. Un projet qui coûtait 8 millions,

en fin de compte en coûtait 19 millions, sans qu'on sache où l'argent était passé. Les gens ont des problèmes à la maison, les gens ont des problèmes au travail. Tu ne peux pas te faire élire, tu ne peux pas les séduire en leur amenant encore plus de problèmes sur la place publique.

Trop direct pour envelopper ce qu'il a à dire, il ne réussira pas à convaincre la population de lui faire confiance, même en s'efforçant de projeter un style de leadership auquel il n'avait pas habitué les journalistes.

Quelqu'un m'a dit après: «Jacques, il aurait fallu que tu les fasses rêver.» Peut-être, mais je ne peux pas faire rêver quand tant de rumeurs font état de corruption à Montréal. J'allais là comme gestionnaire. Je voulais régler des problèmes. Je trouvais qu'on était capables de faire des affaires avec la Ville de façon tout à fait honnête. J'ai été naïf, pur. Je transposais mon expérience de chef de police dans le monde de la politique. Mais ce n'est pas la même recette. Vers la fin, je souhaitais presque être battu parce que ça venait choquer mes valeurs. Je pense que j'aurais été malheureux dans cette fonction-là.

En matière de relations publiques, Jacques Duchesneau a de la difficulté à jouer le jeu des apparences et à sortir d'une approche pragmatique, directe et franche. Son image de policier lui colle à la peau. Certains caricaturistes ne se priveront d'ailleurs pas d'en faire leurs choux gras.

Quand j'étais directeur de police, je disais la vérité aux journalistes qui me posaient une question. Quand on dit la vérité, on ne se trompe pas. Quand j'étais en politique, pendant les *briefings* avant les rencontres de presse, on me disait: «N'oublie pas de dire telle ou telle affaire, de ne pas dire telle ou telle affaire...» Quand un journaliste me posait une question, ça devait être tellement filtré que je pense que ma réponse en devenait incohérente. Je n'étais pas à l'aise avec ce style-là, et ça paraissait. À trois semaines de l'élection, j'ai dit à mes conseillers: «Regardez, on est partis haut dans les sondages, mais on a baissé. Vous êtes tous bien gentils et bien intentionnés, mais à partir de maintenant je vais y aller avec ma méthode. » Après ça, on a commencé à remonter, mais il était trop tard et on n'avait plus d'argent.

Le soir de la défaite, le 1er novembre 1998, étonnamment, il affiche un air serein. Il se sent délivré d'être sorti d'un univers qui n'était pas le sien.

> Mon plus jeune fils pleurait. Il me disait : « Papa, on a perdu. » J'ai répondu : « Non, on n'a pas perdu. On n'a pas été élus. Nuance. » C'est plus vrai que jamais. Je pense que j'ai gagné d'être allé en politique à tous les points de vue. Personnel, professionnel et le reste. Mes enfants ont connu cette expérience à la dure, mais on en est tous revenus et on n'en est pas sortis amers. Ils ont connu quelque chose que les autres enfants n'ont pas connu. Après ça, on sait ce qu'on veut, et on sait surtout ce qu'on ne veut pas faire.

Cette fois, il le sait pour de bon : il est un policier dans l'âme et il le restera toute sa vie. Malgré les coups durs, il n'a pas de regret d'avoir tâté de la politique.

> La politique me fascinait. Contrairement à César, je suis venu, j'ai vu et je n'ai pas vaincu. Par contre, j'ai appris. Et j'ai appris que je n'en referai plus. Je suis allé au bout de mon rêve. J'ai encore retenu ça de ma mère : rêver, ça ne fait de mal à personne. Au contraire. Tu fais un bout de chemin et si tu t'aperçois que ce chemin-là n'est pas pour toi, tu en sors. Si ce n'est pas pour toi, et que tu y vas quand même, c'est là qu'est le malheur. D'y être allé, d'avoir vu, c'est juste bon. J'ai vu que la politique n'était pas pour moi, et j'ai regardé ailleurs.

Pendant deux semaines, Jacques Duchesneau s'affairera à régler les problèmes immédiats des lendemains de défaite. Il encaissera le coup, réglera les affaires courantes et attendra l'occasion de passer à autre chose. Il demeure pour l'instant à la tête du parti Nouveau-Montréal. Il n'aura pas à se morfondre longtemps. Le 17 novembre 1998, il reçoit un appel de la Gendarmerie royale du Canada (GRC). On veut le rencontrer le plus tôt possible. On lui annonce l'existence d'un concours pour le poste de secrétaire général d'Interpol, et on l'invite à soumettre rapidement sa candidature comme candidat du Canada, avant la date limite, qui approche. Cinq jours plus tard, Jacques Duchesneau se rend à Ottawa, curriculum vitæ en main, pour discuter avec le commissaire Phil Murray de sa candidature à ce poste prestigieux, l'Anglais Raymond E. Kendall ayant annoncé qu'il prendrait sa retraite après quatorze ans de service à la tête d'Interpol. Quelques semaines plus tard, Jacques Duchesneau apprend qu'il sera le candidat officiel du Canada pour le poste de secrétaire général[4].

À la recherche d'autres défis

Stimulé par la perspective de diriger cette importante agence internationale de sûreté, il s'informe sur les activités de l'Organisation internationale de police criminelle, nom officiel de l'organisme fondé en 1923 pour contrer la propagation du crime organisé à l'échelle de la planète[5]. Avec plus de 400 employés, Interpol a pour mission de trier, d'analyser et de coordonner les informations fournies par les services policiers de 181 pays et 11 territoires membres. Au cours des dernières décennies, l'organisme avait quelque peu perdu de son lustre, victime d'un manque de financement et de volonté politique à l'échelle internationale. De plus en plus intéressé à reprendre son rôle de redresseur d'organismes policiers, Jacques Duchesneau consacrera les mois qui suivent à la préparation de sa candidature.

La seule façon, selon lui, de se faire connaître au sein de l'organisme et à l'échelle internationale, est de participer aux colloques et aux assemblées qu'Interpol organise, cette année-là, à répétition. L'époque est à

4. Voir le site Web d'Interpol: http://www.interpol.int/Public/Icpo/defaultFr.asp et le site du Bureau canadien d'Interpol: http://www.rcmp.ca/intpolicing/interpol_f.htm.
5. Le nom Interpol lui sera accolé en 1947, année où l'on recommandera aux pays membres d'utiliser l'expression comme adresse télégraphique. Voir le site http://www.interpol.int.

une profonde réflexion interne sur les mesures à prendre pour qu'Interpol reprenne sa place de leader en matière de sécurité internationale. Devant certaines lacunes, des gouvernements d'Europe, d'Asie et d'Amérique du Nord avaient en effet mis sur pied des structures de renseignement parallèles. Il devenait urgent de redonner à Interpol la position stratégique qu'elle occupait autrefois.

À quelques mois d'intervalle, Jacques Duchesneau se rendra en Afrique du Sud, au Salvador et en Norvège pour assister aux travaux de groupes de réflexion sur l'avenir d'Interpol. Il se fera remarquer par son esprit de synthèse, son sens pratique et son enthousiasme communicatif. Mais comme on devait s'y attendre, le Canada n'était pas le seul État membre à proposer un candidat et, là comme ailleurs, la lutte s'annonçait féroce pour l'obtention de ce poste de pouvoir. Jacques Duchesneau en fera personnellement l'expérience au Salvador, où l'on avait accepté qu'il prononce une conférence sur les relations entre les policiers et les médias, sujet qu'il connaît bien. D'autres candidats se sont opposés à cette présentation auprès des dirigeants du colloque, arguant que cette prestation donnerait un avantage indu à la candidature présentée par le Canada, alors qu'eux n'avaient rien préparé. Victime de pressions politiques, Jacques Duchesneau ne pourra partager ses idées pourtant fort prometteuses pour redresser la présence médiatique d'Interpol partout dans le monde.

Jacques Duchesneau comprit que, comme en politique, le jeu de l'international comportait des règles dont il ne connaissait pas toutes les subtilités. Pour Interpol, comme pour tous les organismes internationaux, des considérations d'ordre politique jouent, parmi lesquelles la valeur des candidats pris individuellement n'est qu'un facteur parmi d'autres, l'avancement des dossiers se faisant à un autre niveau. Jacques Duchesneau se préparera néanmoins avec enthousiasme et ardeur à l'entrevue de sélection à laquelle il est convoqué avec huit autres candidats d'autant de pays.

Devant les 11 membres du comité exécutif réunis au siège d'Interpol à Lyon, en France, il expliquera pourquoi il croit être apte à opérer un sérieux coup de barre du point de vue de la structure, des finances et de la modernisation des techniques d'investigation. Il leur parlera de son expérience à la tête du SPCUM où il a implanté avec succès, chiffres à l'appui, la police de quartier, bousculant de fond en comble les façons de faire et modernisant tout l'appareil de l'organisme. Pour pallier le manque de financement, il suggérera la mise sur pied d'une fondation alimentée par les grandes banques, par les grosses compagnies d'assurance et de réassurance, et par d'autres multinationales victimes de fraudes informatiques et prêtes à investir dans des mesures mondiales de redressement. Pour rehausser le niveau d'expertise, il propose l'établissement d'une université qui donnerait une formation en résidence de maîtrise et de doctorat aux policiers du monde entier désireux d'acquérir une formation de pointe en matière de lutte contre les crimes transnationaux. L'université mettrait également sur pied un programme de baccalauréat accessible par Internet.

Sa prestation à l'entrevue aura son effet : il apprend qu'il a fait partie des trois candidats sélectionnés. Il se surprend presque à espérer... Malheureusement pour lui, ce sera le porte-drapeau des États-Unis, Ronald K. Noble, ancien haut fonctionnaire du gouvernement américain et proche collaborateur de Bill Clinton, qui obtiendra le poste.

Après être passé à un cheveu de se hisser vers les plus hauts sommets des milieux policiers de la planète, il se dit qu'une autre occasion intéressante, au Canada, pourrait survenir à tout moment. Il a quand même fait partie des trois finalistes sur 135 policiers recrutés dans les États membres, devenant ainsi le premier Canadien à pouvoir accéder à un niveau aussi élevé de la hiérarchie policière mondiale. Il se remet en mode attente, prêt à bondir encore une fois, au moment opportun. Il se sera fait néanmoins, au passage, d'importants contacts dans d'autres corps policiers du monde, et à Interpol même. On ne sait jamais dans la vie…

Jacques Duchesneau est évidemment déçu, même s'il s'efforçait de rester réaliste quant à l'issue des délibérations des décideurs. En faisant le bilan de l'aventure, il jugera que l'exercice aura au moins eu le mérite de le ramener dans son monde de la police par la grande porte, tout en lui permettant d'en apprendre beaucoup sur le fonctionnement officiel et officieux d'un organisme à vocation internationale.

Entre-temps, il redevient un ex-chef de police à la retraite. Il a 50 ans, son fils aîné étudie en techniques policières et son fils cadet achève ses études de droit. Avec trente ans d'ancienneté comme policier actif au SPCUM, dont cinq à titre de directeur, il jouit d'une retraite confortable. Il répète à qui veut l'entendre: « Je ne me cherche pas un job, mais un défi. » Il accepte par hasard d'aider le petit-fils d'un ami qui s'est lancé en affaires en lui prodiguant des conseils sur l'organisation de son entreprise. Jacques Duchesneau avait déjà donné un coup de pouce à ce jeune homme entreprenant. Cette fois, c'est à titre de président fondateur de sa nouvelle entreprise que le jeune Paul-André Savoie fait à nouveau appel à celui qu'il appelle son mentor.

Administrateur dilettante

Quelques années auparavant, Jacques Duchesneau avait fourni une lettre de recommandation à Paul-André Savoie, alors simple étudiant, comme aspirant auxiliaire de l'Ambulance Saint-Jean. Il le connaissait comme un jeune homme travaillant, désireux d'apprendre. Une fois ses études terminées, Paul-André Savoie déniche un emploi comme ambulancier pour une compagnie aérienne qui rapatrie les malades et les blessés pour des assureurs. De retour d'un voyage, il s'aperçoit que sa précieuse moto a été volée. Comme il n'a pas d'assurance, il devra payer pendant trois ans les frais d'achat d'une moto qu'il aura utilisée pendant seulement six mois. Se découvrant une fibre d'entrepreneur, il y voit une occasion d'affaires à saisir. Il appliquera le principe de repérage de téléphones cellulaires volés au concept de retraçage d'autos. Avec quelques amis désireux de mettre de l'argent dans l'aventure, il achète à crédit une vingtaine de cellulaires désuets, les démonte, les adapte à ses fins et met en marché son système de repérage auprès des concessionnaires automobiles. La société Boomerang était née.

En 1999, après avoir affiché un chiffre d'affaires fortement à la hausse, mais essuyé quelques différends avec ses associés, Paul-André Savoie vend ses parts dans Boomerang à des investisseurs de capital de risque et décide de fonder une autre entreprise qu'il appellera Datacom. Cette fois, il veut exploiter seul le domaine de la transmission de données interordinateurs, en gardant toutefois un volet de repérage de voitures volées. Pour mettre toutes les chances de son côté, Paul-André Savoie veut se doter d'un conseil d'administration capable de le soutenir dans ses projets de croissance. Il demande à Jacques Duchesneau, qui s'intéresse particulièrement aux activités reliées au repérage de voitures de Datacom et à sa division Sécurité, de l'aider dans cette tâche. Ce dernier recrutera Frank McKenna, ex-premier ministre du gouvernement du Nouveau-Brunswick, et Gilles Lacoursière, président de AT&T pour le Québec, comme administrateurs de Datacom.

Pendant un an, Jacques Duchesneau, à titre d'administrateur et de vice-président, suivra de près la croissance de la PME en devenant un véritable mentor pour le jeune entrepreneur qui vise les marchés mondiaux dans son domaine. Pour l'ancien chef de police de Montréal, cette activité est davantage un passe-temps utile qu'un véritable investissement, car bien qu'il se donne à fond dans ses nouvelles activités d'administrateur, il est toujours en attente d'un défi professionnel intéressant qui le ramènera plus directement dans l'action policière.

Son intuition ne le trompera pas. Le lundi matin 25 juillet 2002, il reçoit un coup de fil d'une amie. Deux jours auparavant, elle était allée à des noces au cours desquelles elle avait appris, au fil d'une conversation anodine, que le gouvernement cherchait un président pour la nouvelle Administration canadienne de la sûreté du transport aérien (ACSTA), fondée dans la foulée des tragiques événements du 11 septembre 2001. Par contre, on lui avait précisé que la date limite pour présenter des candidatures était le mardi 26 juillet suivant. Dès le lundi matin, à la première heure, elle contacte Jacques Duchesneau à son bureau pour l'aviser de la chose, l'assurant qu'il s'agit d'un poste fait sur mesure pour lui.

Jacques Duchesneau téléphone immédiatement au chasseur de tête qui confirme que les candidatures seront fermées le lendemain à neuf heures pile. Jacques Duchesneau ne tergiverse pas une seconde. Il passe le reste de la journée à fignoler son curriculum vitæ, à recueillir des renseignement supplémentaires sur les qualifications qu'on attend du futur titulaire de ce poste nouvellement créé et à chercher le plus d'appuis qu'il peut. Son sens de l'initiative et sa patience l'auront encore une fois bien servi. Cette candidature de la dernière heure se révélera heureuse puisque Jacques Duchesneau sera choisi parmi 180 postulants, après avoir passé un barrage de cinq entrevues très serrées. Enfin, il retourne dans son monde, celui de la sûreté. Du moins, le croyait-il au premier abord.

Chapitre XIII

Pas de quartier pour le p.-d.g.

Le 10 décembre 2001, le projet de loi C-49, proposant la création d'un organisme responsable de la sûreté dans le transport aérien, est déposé au Parlement du Canada[1]. C'est la réponse canadienne aux événements tragiques du 11 septembre au cours desquels des avions avaient été piratés par des terroristes en vue de perpétrer des attentats à New York et à Washington. Adoptée le 27 mars 2002, la loi créait l'Administration canadienne de la sûreté du transport aérien (ACSTA), une entité relevant directement du ministre des Transports du Canada. Le 1er avril 2002, un conseil d'administration était mis sur pied avec pour mandat de jeter les premières bases de l'organisme et de choisir un président-directeur général.

Le 19 septembre 2002, à la fin de la dernière entrevue de sélection à laquelle il est convoqué par un comité mis sur pied à cet effet, Jacques Duchesneau s'apprête à quitter les lieux, croyant avoir épuisé toutes les questions. Un des intervieweurs lui demande toutefois, avant de le libérer, si lui n'a pas de question à adresser aux membres du comité. Oui, répond-il aussitôt, saisissant la balle au vol.

> «J'ai regardé votre description de tâches, et j'ai été surpris de voir que vous demandiez quelqu'un dont l'expérience principale est dans le domaine de

1. Pour le texte du projet de loi C-49, voir le site http://lois.justice.gc.ca/fr/C-11.2/index.html.

l'aviation, et vous avez une seule ligne qui dit que le candidat devra aussi connaître la dimension sûreté. Moi, je pensais que c'était exactement l'inverse qu'il fallait. »

Le coup porte. Le 25 septembre, Jacques Duchesneau apprend qu'il a été choisi par le comité de sélection comme premier président et chef de la direction du nouvel organisme. Il est préféré aux quelque 180 autres candidats de départ et aux cinq qui s'étaient rendus jusqu'à l'entrevue décisive. Le 2 octobre 2002, il rencontre les 11 membres du conseil d'administration qui confirment à l'unanimité la décision du comité de sélection. Il entre en poste le 21 octobre 2002, croyant que tout est à faire et qu'il aura les coudées franches pour bâtir, à partir de zéro, un organisme de sûreté efficace. Il conçoit que son mandat est de sauver des vies à partir des aéroports canadiens, au moyen de l'implantation d'un programme de contrôle préembarquement impliquant la formation d'agents de contrôle et l'installation d'équipements de détection d'explosifs et de métal. Ainsi définis, les différents volets de son mandat se présentent à ses yeux dans cet ordre de priorité.

Il ne lui faudra pas beaucoup de temps toutefois pour s'apercevoir que sa conception du rôle fondamental que le Parlement attend de l'ACSTA ne correspond pas tout à fait à celle des employés déjà en poste, au nombre de 30 à l'époque, ni même à celle du président du conseil, dont la carrière s'est principalement déroulée dans le milieu de la politique, et non dans celui de la sûreté. Les cadres engagés avant l'arrivée de Jacques Duchesneau l'avaient été par le président du conseil d'administration, lui-même nommé par le gouverneur en conseil, c'est-à-dire le premier ministre Jean Chrétien, pour un mandat de trois ans se terminant en mars 2005. Il avait occupé, par intérim, le poste de président et chef de la direction pendant les six premiers mois suivant l'entrée en vigueur de la fondation de l'organisme, d'avril à octobre 2002, soit le temps de jeter les premières bases de fonctionnement. La plupart provenaient du milieu des transports.

Pendant les quatre premiers mois, d'octobre 2002 à janvier 2003, Jacques Duchesneau prend connaissance des dossiers et tente de travailler en collaboration avec une équipe qu'il n'a pas choisie. Après avoir connu plusieurs différends larvés et essuyé quelques difficultés avec certains de ses collaborateurs, il se rend à l'évidence : il ne peut pas jouer son rôle comme il l'entend. Sans que ce soit fait ouvertement, on lui met des « pelures de bananes sous les pieds », et il n'aime pas cela. Il est vrai qu'il arrive dans un milieu qui lui est étranger. Ses quatre vice-présidents en poste proviennent tous de l'appareil gouvernemental, reliés de près ou de loin au monde de l'aviation. Le président du conseil d'administration est autant physiquement présent dans les bureaux de l'ACSTA que lorsqu'il occupait, par intérim, les fonctions de président et chef de la direction, alors qu'il était censé occuper ses fonctions au conseil à temps partiel.

Autre problème, plus politique celui-là, lorsqu'on le convoque à des audiences de comités parlementaires pour justifier ses demandes budgétaires ou pour témoigner de l'avancement de ses installations, il s'aperçoit qu'il est la cible d'attaques qui s'adressent moins à lui qu'à d'autres personnages politiques, et dont il ignore les visées cachées. L'atmosphère devient vite intenable pour Jacques Duchesneau, un francophone du Québec qui ne connaît pas la culture des milieux gouvernementaux d'Ottawa, ni l'univers du transport aérien.

C'était mal connaître Jacques Duchesneau que de croire qu'il s'accommoderait de la situation qu'on tentait de lui imposer. Il est hors de question pour lui de faire comme si de rien n'était, et de se contenter d'accumuler du précieux « *pensionable time* », selon l'expression qui court dans certains milieux de la fonction publique fédérale. Il décide de frapper un grand coup. Il ne peut tolérer un environnement de travail où chacune de ses décisions est rapportée au président du conseil, débattue en catimini et modifiée à son insu en fonction de critères avec lesquels il n'est pas d'accord. Il déteste les climats d'intrigues stériles. Il est là pour faire un travail qu'on lui a confié et il est déterminé à le faire, visière levée. Il a donné sa parole en toute honnêteté et il la respectera.

Il convoque ses quatre vice-présidents et son président du conseil à une réunion ad hoc qu'il amorce par une mise en garde fracassante : « Si vous ne savez pas comment jouer avec de la dynamite, ne jouez pas avec moi, parce que moi, je suis une bombe et je vais vous sauter en pleine face. » S'adressant particulièrement aux vice-présidents, il les avertit directement de ce qui les attend, à moins d'un changement de leur part : « Moi, j'ai été nommé ici pour cinq ans. J'y suis pour rester. Ce n'est pas votre cas. Si vous ne pouvez pas travailler convenablement avec moi, vous devrez partir. » Il est intraitable : « Je vous demande une chose, c'est la loyauté. J'accepte l'erreur, des fautes de jugement, mais je ne peux pas vivre sans avoir votre loyauté. C'est à prendre ou à laisser. » Le message passe…

L'avertissement est donné, et il ne peut être plus clair. Jacques Duchesneau annonce, en levant la réunion, que c'est le jour 1 de son nouveau leadership, qu'il veut marquer au sceau de la franchise, de la loyauté et de l'efficacité. Il veut passer d'un leadership technologique, basé sur la détection du métal, à un leadership de prévention, basé sur le renseignement.

Dès son arrivée, Jacques Duchesneau s'était documenté en profondeur sur le monde de l'aviation. Il a mis les bouchées doubles pour s'initier aux mesures de sûreté mises en place dans le transport aérien au pays et ailleurs dans le monde. Il évalue le chemin parcouru par le Canada en ce domaine avec l'œil neuf de celui qui vient de l'extérieur. Il aime rappeler qu'un des premiers attentats à avoir lieu en Amérique du Nord est survenu au Québec, le 9 septembre 1949. C'est au Québec que pour la première fois on a eu recours à ce qu'on a appelé par la suite la médecine légale, telle qu'instituée par le docteur Wilfrid Derome, créateur du laboratoire de police scientifique[2]. Jacques Duchesneau est fier de dire que c'est au Québec qu'on a fait la première interprétation d'une scène de crime aérien.

Un complot organisé par un horloger du nom de J. Albert Guay avait réussi à faire sauter une bombe de fabrication artisanale à bord d'un DC-3 de la Trans-Canada Airlines, ancêtre d'Air Canada, tuant du coup 19 passagers, dont sa femme, et quatre membres d'équipage. L'avion, qui devait disparaître au fond du fleuve Saint-Laurent avec son secret, s'est abîmé à flanc de montagne dans la forêt de Sault-au-Cochon, dans Charlevoix. Albert Guay, sa complice, Marguerite Ruest-Pitre, et le frère de cette dernière, Généreux Ruest, furent déclarés coupables à la suite de cette première enquête de la Police provinciale en matière de transport aérien. Ils furent condamnés au terme d'un long procès avec jury et pendus haut et court à la prison de Bordeaux: Albert Guay, le 12 janvier 1951; Généreux Ruest, le 25 juillet 1952; et Marguerite Pitre, le 9 janvier 1953.

Jacques Duchesneau explique que la preuve exposée en cour avait démontré que la carlingue de l'appareil était tordue vers l'extérieur, ce qui avait été un premier indice qu'il s'agissait de l'explosion d'une bombe placée à l'intérieur, et non d'une marque d'obus ou d'autres projectiles provenant de l'extérieur. Le procès, qui avait captivé l'attention de toute la population du Québec pendant quelques années, a inspiré l'écrivain Roger Lemelin pour son roman *Le crime d'Ovide Plouffe*, dont on fera un film[3].

---

2. Voir la biographie de Jean Côté, *Wilfrid Derome, expert en homicides*, Montréal, Boréal, 2003.
3. Roger Lemelin (1919-1992). Homme de lettres né à Québec. A été directeur général du quotidien *La Presse*. Son roman *Les Plouffe* (1948) a été adapté pour la télévision de Radio-Canada en un

Le deuxième attentat à faire l'objet d'une autre grande enquête tristement célèbre des autorités canadiennes est survenu trente-six ans plus tard avec l'explosion d'une bombe, au cours du vol 182 d'Air India en partance de Toronto. Deux bagages dissimulant des bombes avaient été enregistrés à l'aéroport international de Vancouver en juin 1985. L'un d'eux avait été placé à bord du Boeing 747 à destination de Londres et l'autre avait été acheminé à Tokyo. Dans le premier cas, l'avion avait explosé en plein vol, à 31 000 pieds d'altitude, faisant 329 victimes, et dans le second, la bombe n'avait heureusement explosé qu'au sol, à l'aéroport japonais de Narita, tuant néanmoins deux bagagistes et faisant quatre blessés graves.

L'enquête criminelle déclenchée à la suite du désastre aérien d'Air India fut l'une des plus longues et des plus coûteuses de l'histoire de l'aviation canadienne. Elle a duré plus de quinze ans et s'est soldée, en 2005, par l'acquittement des deux principaux suspects d'origine sikhe. L'échec de cette enquête a été mis, notamment par les journalistes, sur le compte d'un manque de collaboration et de communication entre les différents services impliqués dans l'affaire, notamment entre la Gendarmerie royale du Canada (GRC) et le Service canadien du renseignement sur la sécurité (SCRS) [4].

À la suite de cette catastrophe aérienne, l'Organisation de l'aviation civile internationale (OACI) a adopté de nouvelles réglementations en matière de

---

téléroman intitulé *La famille Plouffe*, qui a été très populaire dans les années 1950. Son roman *Le crime d'Ovide Plouffe* a été publié en 1982. C'est le cinéaste Denys Arcand qui en fera un film en 1984.

4. Le 1er mai 2006, le premier ministre canadien Stephen Harper annonçait la tenue de la Commission d'enquête relative aux mesures d'investigation prises à la suite de l'attentat à la bombe contre le vol 182 d'Air India, constitué en vertu de la partie I de la Loi sur les enquêtes. Cette mesure se voulait une réponse aux questions soulevées par le rapport déposé en novembre 2005 par l'ancien premier ministre ontarien Bob Rae.

sécurité aérienne. De son côté, le gouvernement canadien, qui avait été directement mis en cause dans la tragédie d'Air India, a imposé des mesures de sûreté qui étaient, à l'époque, à l'avant-garde des techniques de prévention, notamment des équipements de détection d'explosifs et un système informatique d'appariement des bagages avec les passagers montant à bord des avions. Lorsque les événements du 11 septembre 2001 sont survenus aux États-Unis, ce dernier système, toujours utilisé aujourd'hui parmi une multitude d'autres mesures, ne suffisait plus, car les terroristes étaient désormais des kamikazes, avec pour seules armes des coupe-papier et des stylets de type X-Acto. Ils avaient passé tous les contrôles de préembarquement et n'avaient évidemment enregistré aucun bagage.

En réaction à cette nouvelle façon suicidaire de commettre des attentats aériens, le gouvernement canadien a imposé diverses mesures comme le blindage de la porte de la cabine de pilotage et la présence d'agents de la GRC à bord de certains vols en direction de Washington. C'est dans cette foulée de mesures de redressement de la sûreté du transport aérien que le Parlement a adopté la loi instituant l'ACSTA, en mars 2002.

Les mandats officiels de l'organisme comprennent six volets : le contrôle des passagers et de leurs bagages de cabine ; le contrôle des bagages enregistrés ; le contrôle des non-passagers dans les zones réglementées ; l'amélioration du système de laissez-passer pour les zones réglementées des aéroports ; la supervision du programme d'agents de la GRC à bord des aéronefs ; et la supervision des fonds pour les services de police des aéroports. Il est bien souligné toutefois que « ce sont les organismes policiers impliqués qui prennent les décisions opérationnelles à l'égard de ces programmes[5] », et non l'ACSTA.

5. Voir le rapport annuel de l'Administration canadienne de la sûreté du transport aérien (ACSTA) 2003, p. 10.

Le budget de fonctionnement de l'ACSTA a été établi en 2001 à 1,94 milliard de dollars sur cinq ans provenant de crédits annuels. Le budget de fonctionnement prévoit qu'environ 80 % du budget d'opération est affecté aux activités de préembarquement, soit près de 125 millions de dollars par année. On considère que l'ACSTA devra par ailleurs consacrer 300 millions de dollars par année à l'achat d'équipements qui seront installés dans les 89 aéroports désignés par Transports Canada[6].

En tant que nouvelle venue comme agence gouvernementale, l'ACSTA doit collaborer étroitement avec les organismes du secteur du transport aérien qui étaient en place avant le 11 septembre, soit Transports Canada, l'Association du transport aérien du Canada et le Conseil des aéroports du Canada. De plus, ce qui complique la gestion de l'organisme, l'ACSTA est assujettie à ce qu'on appelle dans le jargon de la fonction publique fédérale, les contrôles de responsabilisation. En plus du Parlement à qui l'organisme se rapporte par le truchement du ministre des Transports, l'ACSTA doit rendre compte aux comités du Sénat et de la Chambre des communes, au Bureau du vérificateur général et à son propre conseil d'administration.

L'organisme est réglementé par différentes lois : d'abord sa loi constituante, la Loi sur l'ACSTA, et ensuite la Loi sur l'aéronautique, la Loi sur la gestion des finances publiques, la Loi sur l'accès à l'information, la Loi sur la protection des renseignements personnels et, enfin, la Loi sur les langues officielles. Il doit présenter annuellement son plan d'entreprise révisé et approuvé par le Conseil du trésor, et déposer au Parlement le sommaire du plan d'activités de même que son rapport annuel. L'ACSTA est donc directement responsable devant le Parlement canadien de ses

6. Voir l'annexe 7.

résultats, tout en travaillant directement avec Transports Canada, qui est l'agent réglementaire.

Une fois qu'il a mis les choses au clair à l'intérieur de l'ACSTA avec ses collaborateurs immédiats, Jacques Duchesneau veut aller au-delà des structures et s'attaquer au « manque de synchronisation », comme il l'exprime, existant entre lui et les différents ministères et agences d'application de la loi. À Transports Canada, là aussi, l'accent est mis davantage sur le transport que sur la sûreté. Lorsqu'il est convoqué pour faire des rapports à différents comités parlementaires afin d'expliquer ses résultats et ses demandes budgétaires, Jacques Duchesneau se heurte à une conception de la sécurité qu'il juge à la remorque des attentats. Au lieu de prendre des décisions en réaction à ce qui s'est produit, il s'emploie à faire partager sa vision selon laquelle, pour combattre avec efficacité le terrorisme international, il faut « être en avant de la parade », et non se cantonner au mode attente. Il a toutefois l'impression qu'il se heurte à un mur. En plus, il lui est difficile de faire valoir son point de vue auprès du ministre des Transports dont l'accès direct lui est difficile.

Lorsqu'il était directeur du Service de police de la Communauté urbaine de Montréal (SPCUM), Jacques Duchesneau avait été nommé par le ministre de la Sécurité publique du Québec, ce qui lui donnait le recul nécessaire vis-à-vis des dirigeants politiques municipaux. À l'ACSTA, il relève du ministre des Transports, et non du ministre de la Sécurité publique et de la Protection civile, même si les activités de l'ACSTA, telles que les envisage Jacques Duchesneau, sembleraient, au premier regard, plus du ressort de ce dernier ministère. C'est le ministère des Transports qui évalue les résultats à la lumière de critères parfois étrangers à l'aspect sûreté, et dont Jacques Duchesneau doit répondre directement au Parlement. Ce qui fait la force du nouveau président et chef de la direction, c'est son expérience en matière de sûreté et de renseignement.

C'est pour cette raison qu'il a été choisi par le comité de sélection au nom du Parlement.

Afin de se donner le recul politique qui lui manque, Jacques Duchesneau élabore un énoncé de valeurs qui tient lieu de code d'éthique, auquel tous les employés de l'ACSTA doivent adhérer. En cas de doute ou de tergiversations dans des décisions cruciales ou délicates, c'est à cet énoncé de valeurs que chacun doit se référer. Les valeurs morales qui y sont explicitées ont préséance sur toutes autres considérations, qu'elles soient économiques ou politiques.

En plus de s'attaquer de front à ces embûches de communication, le nouveau président prend des mesures concrètes pour faire valoir la nouvelle orientation qu'il veut donner à l'ACSTA. Il veut rendre plus professionnel le travail de ses agents, à qui il demande de faire des rapports systématiques de leurs interventions. En mai 2003, il exige qu'on tienne des statistiques sur les résultats de fouilles et des mesures de contrôle. Il instaure un programme poussé de formation des agents, le Programme national de formation et de certification de l'ACSTA, selon lequel les agents pourront recevoir trois niveaux de compétence, couronnés chacun par des examens d'attestation. Le programme vise à augmenter les habiletés des agents à la fois dans le fonctionnement des nouveaux équipements et dans le service à la clientèle, aspect primordial que Jacques Duchesneau ne veut pas négliger. Le but est également d'uniformiser les services de contrôle préembarquement dans tous les aéroports canadiens.

Parallèlement à ces programmes de formation, il leur donne un uniforme (pantalon bleu, chemisier blanc à épaulettes et cravate bleue) qui comporte un insigne de poitrine, arborant le blason de l'ACSTA[7],

---

7. Le blason de l'ACSTA à cinq branches représente les éléments de son mandat. Un avion décollant d'une piste surmonte l'insigne au centre duquel figure une feuille d'érable rouge symbolisant le Canada. Voir l'annexe 8.

comme celui réservé aux membres d'un corps policier ou militaire. Dans les milieux policiers et militaires, l'insigne porte une charge symbolique non négligeable.

> L'insigne de poitrine, c'est le symbole de l'autorité policière. Aux États-Unis, c'est l'étoile du shérif. Au Canada, dans les corps policiers, on a toujours eu un insigne de poitrine, une *badge*. Et on a voulu donner la même chose à nos agents de contrôle. Personne ne voyait l'utilité de cela, on ne comprenait pas pourquoi j'insistais pour qu'ils en aient un, mais dans tout le feedback qu'on a eu, dans toutes les sessions qu'on a faites, l'insigne de poitrine est sorti comme le symbole le plus important. Ça nous a permis d'élever le statut de nos agents. Il y a même des responsables d'aéroport qui m'ont dit qu'avec la *badge*, on avait trop élevé leur statut, qu'ils se prenaient un peu pour d'autres. Même les douaniers en ont parlé. Moi, je pense que c'est nécessaire pour la fonction. Nos agents me disent qu'ils ont obtenu le respect des passagers, qu'ils n'avaient pas avant. Donc, ça prouve que c'est important[8].

En matière de normes de fonctionnement, les organismes de sûreté relevant du gouvernement fédéral doivent se conformer à des standards uniformes, les *security standing orders* (SSO), émis par Transports Canada. Par contre, chacun dispose d'autres normes spécifiques à son champ d'activité. L'ACSTA contrôle les *standard operating procedures* (SOP), qui décrivent les méthodes de travail des agents de fouille. Les contrôles par rapport à ces normes relèvent des inspecteurs du ministère, ce qui est, pour Jacques Duchesneau, une aberration. «Je suis imputable de tout l'appareil, ça doit fonctionner de la bonne façon, mais je n'ai pas les moyens de vérifier si mon système fonctionne comme il faut», déplore-t-il. Il cite l'exemple du Grand Prix de Montréal 2004 qui avait attiré des milliers de visiteurs transitant par les aéroports.

---

8. Depuis 2006, les agents de l'ACSTA portent un nouvel uniforme où l'insigne de poitrine est brodé à l'effigie du blason de l'ACSTA.

Habituellement, il y a deux inspecteurs de Transports Canada par aéroport. Lors du Grand Prix de Montréal 2004, ils étaient une dizaine, derrière nos points de fouille, avec des papiers et des crayons, pour surveiller si nos gens travaillaient comme il faut. Nos gens se sont mis à travailler très, très, très comme il faut. Conséquence, les lignes d'attente se sont faites de plus en plus longues, et des voyageurs ont raté leur vol. Parce qu'ils ne voulaient pas se faire prendre en défaut par les inspecteurs, nos agents de contrôle ont joué la procédure. C'est le jeu du chat et de la souris, qui va devoir se régler parce qu'il n'y a personne qui bénéficie de ça. Tout le monde y perd dans cette « gué-guerre » de territoire.

Autre initiative, Jacques Duchesneau décide d'installer des caméras vidéo dans 216 points de fouille des principaux aéroports du pays et de mettre sur pied un centre de communications, à Ottawa, d'où d'autres agents pourront analyser les comportements suspects de certains passagers annoncés ou non par ses réseaux de renseignement. Il va sans dire que Jacques Duchesneau a bien vérifié, dans la loi constituante de l'ACSTA, s'il a le droit de prendre cette mesure qui pousse plus loin la dimension sécurité de son organisme.

Dans l'octroi de contrats, les procédures en place semblaient inutilement complexes à Jacques Duchesneau. Comme l'ACSTA donne environ un milliard de dollars de contrats, échelonnés sur quatre ans, il jugeait qu'il valait la peine de revoir le système. Il rationalise les processus et met en place un système moins compliqué, mais tout aussi ouvert et transparent qu'avant. Afin de valider les nouvelles mesures, il demande l'avis d'un *fairness advisor*, un ancien commissaire de la GRC, et d'un *fairness auditor* du cabinet comptable KPMG, qui approuvent officiellement la mise en place du nouveau système. Jacques Duchesneau se sent en toute confiance face à la vérificatrice générale, qui signe elle-même les rapports financiers de l'ACSTA[9].

9. Voir le rapport annuel de l'Administration canadienne de la sûreté du transport aérien (ACSTA) 2003, p. 44.

Afin de prendre le pouls de son personnel, dont le nombre ne cesse d'augmenter, Jacques Duchesneau se promène dans les bureaux de l'ACSTA. Il aime « cueillir » de l'information de façon officieuse afin de corroborer les rapports que ses vice-présidents et directeurs lui acheminent. À la lumière de ce qu'il entend dans ces conversations de corridors, en 2004, soit un an et demi après avoir été nommé à l'ACSTA, Jacques Duchesneau juge qu'il est temps d'évaluer de façon systématique le fonctionnement de son organisme, sa structure, les tâches à accomplir, les procédés et processus, les descriptions de tâches et surtout, la performance des ressources humaines en regard des objectifs redéfinis. Il fait appel à deux firmes de consultants extérieures, afin de se donner l'objectivité voulue, et demande à une troisième une évaluation à 360 degrés, pour lui-même et pour tous les vice-présidents et directeurs de l'ACSTA (19 personnes). Il demande également une proposition de restructuration du fonctionnement.

À la suite de cette vaste consultation, la structure et l'organigramme sont revus conformément à l'exercice réel du pouvoir qui est délégué à chaque cadre supérieur par le président et chef de la direction. Des permutations surviennent, des gens sont déplacés et certains se voient indiquer la porte[10]. Il s'agit d'une véritable révolution intérieure[11]. Par la suite, deux systèmes importants seront mis en place, la *business intelligence* et la *balance scorecard*, en fonction desquels les objectifs de tous les vice-présidents et directeurs sont établis. Dès janvier 2005, soit un peu plus de deux ans après avoir été nommé, Jacques Duchesneau peut dire qu'il a mis son organisme à sa main et à son image.

Pour poursuivre dans la même direction, et énoncer clairement et publiquement la nouvelle

10. Voir les annexes 8 et 9.
11. Depuis l'arrivée de Jacques Duchesneau à l'ACSTA, trois vice-présidents ont été remerciés.

orientation de l'ACSTA, il prononce, le 19 février 2004, un discours majeur devant l'Institute for Air and Space Law de l'Université McGill[12], dans lequel il fait un bref historique du terrorisme mondial, y compris les incidents du 11 septembre 2001. Il y décrit sa stratégie de « pelures d'oignon » qui consiste à superposer différents systèmes de sécurité dans les aéroports, depuis les activités de renseignement menées en amont, à l'échelle de la planète, par la GRC et le SCRS en réseau avec d'autres corps policiers du monde, jusqu'aux mesures de surveillance de différents services publics et privés de sécurité, y compris les employés des autorités aéroportuaires, des compagnies aériennes et évidemment, de l'ACSTA[13].

Il affirme qu'au-delà des centaines de milliers d'objets contondants interceptés aux points de fouille, il est important de sensibiliser les agents à la dimension humaine et à l'observation attentive des comportements de passagers suspects. Il cite la mesure de prévention exigée du gouvernement américain concernant la présence d'agents de la GRC à bord des avions en direction de Washington et se prononce contre le port d'armes pour les pilotes, qui doivent, selon lui, « se concentrer sur leur travail de commandant de bord ». Il termine en soulignant l'importance de s'attaquer à la fois au terrorisme et à la peur du terrorisme, tout en visant en même temps à ce que les libertés civiles des citoyens soient respectées. Ce discours majeur rend bien la vision que Jacques Duchesneau se fait de la mission fondamentale de son organisme et de sa stratégie de double lutte au terrorisme et à la peur du terrorisme.

Jacques Duchesneau tente également de construire des ponts avec les responsables d'autres agences

---

12. Ce discours est reproduit intégralement à l'annexe 12.
13. Voir l'annexe 10 (Stratégie des pelures d'oignon) et l'annexe 11 (Laurent Lapierre et Jacqueline Cardinal, « Le management de la peur et de la terreur », *La Presse Affaires*, 21 mars 2005, p. 5).

ou administrations reliées de près ou de loin avec l'aspect sécurité au Canada. Il a ainsi rencontré le président de la nouvelle Agence des services frontaliers du Canada (ASFC), il aimerait échanger avec ses vis-à-vis du ministère de la Citoyenneté et de l'Immigration, de même qu'avec des responsables de l'Agence canadienne d'inspection des aliments (ACIA). Il est d'avis qu'il devrait y avoir un nouvel organisme, qu'on pourrait appeler Services sûreté Canada, qui regrouperait toutes les entités dont les mandats et les activités ont des incidences sur la lutte contre le terrorisme international, de façon à coordonner les activités et à regrouper l'information pertinente ou, au moins, à la rendre facilement accessible d'un organisme à l'autre. On pourrait ainsi éviter les lacunes de communication dont l'enquête d'Air India a fait les frais.

Il cite comme exemple la Homeland Security Act des États-Unis que l'on pourrait adapter aux conditions spécifiques du Canada. Il déplore le manque de vision globale de tout ce qui touche la sûreté au pays et rappelle que sûreté aérienne, lutte contre le trafic de stupéfiants et guerre contre le terrorisme sont souvent interreliées, si l'on reconnaît que certaines organisations criminelles et terroristes se financent directement par le trafic de la drogue à l'échelle internationale[14]. « On devrait mettre en place des mécanismes de coordination plus efficaces, qui nous permettraient de vraiment sauver des vies plutôt que d'intercepter des objets de toutes sortes par centaines de milliers. »

Après avoir fait tout ce qui était en son pouvoir pour changer les mentalités de l'intérieur, Jacques Duchesneau décide d'aller chercher des appuis dans d'autres lieux, bien conscient, comme le dit le proverbe, que *nul n'est prophète en son pays.*

---

14. Jacques Duchesneau est d'ailleurs en train d'écrire un ouvrage sur le sujet.

En mars 2005, le président du conseil d'administration de l'ACSTA n'a pas vu son mandat renouvelé. Il a été remplacé à ce poste par le général Maurice Baril[15].

---

15. Le général Baril a servi dans les Forces armées canadiennes pendant quarante ans. Il a détenu des postes de commandement et d'état-major à travers le Canada, en Europe, aux États-Unis, au Moyen-Orient et en Afrique. En 1997, il était nommé chef d'état-major de la Défense du Canada, poste qu'il a occupé jusqu'à son départ à la retraite en 2001. Depuis cette date, le général Baril a été conseiller spécial auprès de l'ambassadeur à l'action contre les mines (Affaires étrangères Canada). En janvier 2003, il était nommé inspecteur général au Département des opérations de maintien de la paix (DOMP) du Secrétariat des Nations Unies. Le général Baril est diplômé du Collège d'état-major de l'armée canadienne, du US Army Special Forces, du Collège d'état-major et de commandement des Forces canadiennes et de l'École supérieure de guerre de Paris. Voir www.catsa-acsta.gc.ca/.

Chapitre XIV

La gestion du risque au-delà des frontières

Dans sa tête, c'est très clair. Jacques Duchesneau est convaincu que la seule façon d'être efficace pour l'Administration canadienne de la sûreté du transport aérien (ACSTA) et pour tous les organismes de contrôle de préembarquement du monde, c'est de prendre le virage sûreté et de s'écarter de l'approche transport adoptée à ses débuts, non seulement au Canada, mais peut-être ailleurs dans le monde. Il veut prendre connaissance de ce que font ses vis-à-vis dans d'autres pays. Il veut savoir si, là aussi, les considérations de transport aérien passent avant les préoccupations de sûreté. S'il constate que c'est le cas, il est déjà déterminé à prendre le leadership du virage mondial dans cette direction au niveau des agences de sûreté aériennes. Il s'agit pour lui de changer les mentalités, ici et ailleurs. Il connaît les conséquences d'un laisser-aller en matière de contrôle dans les points d'arrivées au pays en se remémorant l'historique de la gestion des ports nationaux au Canada.

Dans les années 1990, à Montréal et ailleurs au pays, on avait décidé de remplacer les policiers affectés aux ports nationaux par des agents de sécurité qui coûtaient moins cher, disait-on. L'opération s'est échelonnée sur plusieurs années. Aujourd'hui, Jacques Duchesneau craint que les ports de Montréal, Vancouver et Halifax ne soient infiltrés par le crime organisé, qui y aurait les coudées franches pour mener ses activités illicites. « On a laissé un empire se créer, et aujourd'hui, les Hells Angels sont indélogeables des ports. »

Il fait le parallèle avec les terroristes islamistes qui ont jugé que les aéroports constituaient des cibles de choix puisque plus de 25 % des activités économiques des États-Unis transitent par les aéroports. En s'attaquant à ce secteur, ils savaient que les répercussions seraient énormes et qu'ils affaibliraient les Américains pour des années. Jacques Duchesneau ne veut pas que les aéroports servent à faciliter le travail des terroristes, comme ce fut le cas des ports nationaux avec les Hells Angels. D'où l'importance, pour lui, d'adopter immédiatement une approche sûreté en matière de transport aérien.

Il ne nie pas par contre l'importance des fouilles systématiques et des opérations de détection de métal ou d'explosifs. Ces mesures ont deux effets. D'abord, rassurer la population en montrant que le gouvernement prend au sérieux les attaques terroristes en mettant en place des mesures de contrôle. On s'attaque ainsi à la peur du terrorisme, tout aussi dévastatrice que le terrorisme lui-même sur l'activité économique. Le deuxième effet vise la dissuasion. De par son expérience de policier, Jacques Duchesneau sait qu'un criminel choisira d'instinct les maillons faibles pour exécuter ses méfaits. Si les points d'accès des aéroports sont bien surveillés et bien contrôlés, les terroristes modifieront leur stratégie et tenteront leur chance ailleurs.

Il y a une évolution dans la criminalité en fonction des circonstances plus ou moins favorables. Jacques Duchesneau rappelle que, dans les années 1970, il y avait beaucoup de vols de banque. Avec les mesures presque infaillibles de surveillance mises en place dans tous les établissements bancaires, le nombre de braquages a diminué, les voleurs préférant aujourd'hui agir avec des moyens informatiques, moins dangereux et plus difficiles à détecter. Donc, les mesures de contrôle et les équipements de détection perfectionnés et coûteux doivent être maintenus dans les aéroports comme mesures de dissuasion. Mais il faut plus.

Il n'hésite pas à critiquer l'approche américaine qui fait dans le « *window dressing* » de propagande politique plutôt que de mener des opérations rationnelles et objectives de lutte contre le terrorisme. Le modèle américain veut que toutes les personnes qui se présentent aux points d'embarquement soient fouillées et fichées, sans faire de discrimination ou de discernement, au détriment des droits et libertés des individus et de la libre circulation des biens économiques. Il préfère l'approche canadienne selon laquelle les agents exécutent les fouilles de façon aussi méticuleuse, mais en mettant l'accent sur le service aux passagers-contribuables, plutôt que sur la sévère suspicion systématisée à l'américaine. Jacques Duchesneau y voit même un atout lorsqu'il s'agit de jauger le comportement de certains passagers par le truchement d'un contact personnel de la part de l'agent de contrôle. « Nous accomplissons notre travail de fouille aussi bien que les Américains, mais nous le faisons avec le sourire, de façon intelligente. Ça nous permet de faire du discernement cas par cas. »

En novembre 2005, un reportage de la chaîne de télévision CBC présentait à cet égard un reportage montrant des failles dans le système de fouille à l'aéroport Pearson de Toronto. Un « spécialiste » d'origine américaine montrait comment il avait pu avoir accès à des zones réglementées sans être inquiété. Il s'étonnait également d'avoir pu entrer un bagage à main contenant un sac doublé de plomb qui « aurait pu être utilisé pour introduire une arme sur un vol ». L'incident est une claire illustration des deux conceptions, américaine et canadienne, du type de contrôle qui doit être exercé sur les passagers qui transitent dans les aéroports canadiens. Il met aussi en exergue les difficultés qui résultent du fait que le contrôle des immeubles de chaque aéroport canadien relève des administrations locales et échappe à l'ACSTA.

À la suite de ce reportage, le ministre des Transports a ordonné la tenue d'une enquête sur la sécurité dans les aéroports du pays. Rappelons que dès son entrevue de sélection, Jacques Duchesneau s'était étonné que l'ACSTA mette davantage l'accent sur les transports que sur la sûreté, et que l'organisme relève du ministère des Transports plutôt que du ministère de la Sécurité publique et de la Protection civile.

En ce qui concerne les équipements dont l'ACSTA doit se munir, Jacques Duchesneau s'étonne également des exigences du gouvernement américain qui oblige l'organisme à se procurer des appareils de détection de marque américaine pour la fouille des vols en direction des États-Unis. L'ACSTA a ainsi été forcée de faire affaire avec un fabricant américain d'appareils médicaux, adaptés après coup pour la fouille de bagages, alors que des appareils allemands, plus performants, plus légers et moins coûteux, conçus à cet effet, étaient sur le marché. Il y voit une mesure interventionniste inacceptable, mais incontournable, sans doute le résultat de lobbies commerciaux fort puissants auprès des autorités politiques américaines, mais auquel le Canada ne peut se soustraire, économie oblige.

Jacques Duchesneau croit que dans le domaine de la sécurité internationale, tout est à construire. Il voit la nécessité d'inventer et d'imaginer de nouvelles façons de faire, un peu comme Robert Peel l'avait fait au XIXe siècle avec les *bobbies* désarmés de Londres, mais cette fois-ci à l'international, et d'amorcer une réflexion en profondeur. Les différents enjeux dus à la complexité de la situation et aux dimensions politiques, stratégiques et éthiques l'exigent, selon lui. Ces enjeux découlent en grande partie des mesures d'exception mises en place depuis le 11 septembre, notamment par les Américains. Il ne veut pas que cette réflexion demeure en vase clos, dans les sphères intellectuelles ou les cénacles universitaires. Son but est de l'étendre à ses cadres supérieurs et même à ses vis-à-vis d'autres pays. Il veut élever le débat au-dessus des considérations purement technologiques.

C'est dans cet esprit qu'il décide, dans un premier temps, de faire appel à des intervenants universitaires qui ont réfléchi sur la question. Il met sur pied un groupe de consultation issu de la chaire Raoul-Dandurand en études stratégiques et diplomatiques de l'Université du Québec à Montréal (UQAM), qui lui sert à l'occasion de « *think tank* ». À son instigation, deux autres groupes de même nature voient le jour à Paris et à Montréal. Il invite ces chercheurs à faire des symposiums aux bureaux de l'ACSTA, auxquels les employés assistent, sur des axes de réflexion plus vastes. Jacques Duchesneau veut déstabiliser ses collaborateurs afin qu'ils deviennent plus ouverts à une approche nouvelle et plus conscients de ce qui se passe ailleurs dans le monde en matière de politique étrangère, de terrorisme et de criminalité. Il veut qu'ils voient au-delà de l'univers des transports et au-delà du discours réducteur des Américains. En faisant appel à des universitaires, il table sur leur crédibilité et sur le sérieux de leurs travaux pour amener ses collaborateurs à un changement radical de mentalité.

Après deux ans en poste, en 2004, Jacques Duchesneau juge que ses efforts ont porté leurs fruits. Le terreau lui semble prêt à recevoir une nouvelle façon de penser. Il constate que, lors des réunions de production avec ses proches collaborateurs, les attitudes changent petit à petit. Ainsi, il a réussi à convaincre le responsable des ressources humaines à n'engager à l'avenir que des candidats ayant un profil de sûreté plutôt que de transport afin d'atteindre un meilleur équilibre entre les deux volets pour l'ACSTA. Il n'hésitera d'ailleurs pas à aller chercher lui-même d'anciens collaborateurs qu'il a connus alors qu'il était au SPCUM. Mais Jacques Duchesneau vise plus haut.

Afin de convaincre son ministre, le sous-ministre de Transports Canada et les membres des comités parlementaires du bien-fondé de son approche, il décide de convoquer, en février 2004, dans la capitale nationale, quelques-uns de ses vis-à-vis étrangers à une grande réunion de concertation et de réflexion. Ce sera la première réunion du genre à se tenir au monde. Il veut aller chercher de l'information sur ce qui se fait ailleurs dans les autres organismes de sûreté du transport aérien. Son objectif est d'être à même de mieux répondre aux objections qu'on lui oppose aux comités du Parlement ou du Sénat, notamment au comité permanent du Sénat sur la sécurité et la défense nationale, lorsqu'on lui demande de comparer l'ACSTA à d'autres organismes étrangers partageant la même mission.

Jacques Duchesneau prépare avec soin cette rencontre historique qu'il tient à organiser lui-même, en dépit de certains hauts fonctionnaires frileux qui lui font valoir qu'une activité de cette envergure devrait être du ressort exclusif du ministère des Affaires étrangères. Jacques Duchesneau ignore, là encore, cette autre guerre de territoire et va de l'avant sans chercher d'autre approbation que celle de son conseil d'administration. Il juge que cette activité entre dans les balises fixées par sa loi constituante.

Il choisit le château Montebello, qui a servi au Sommet du G-7 en 1981, pour tenir ses assises. L'endroit est prestigieux et facile d'accès depuis les aéroports d'Ottawa et de Montréal. Des salles sont bien aménagées et équipées pour la tenue de rencontres internationales, car tout y est prévu pour les services d'interprétation dans toutes les langues nécessaires. Il trie ses invités sur le volet en essayant de réunir des représentants de tous les continents et de pays ayant développé des expertises particulières, tout en choisissant, autant que possible, une date qui convienne à tous. C'est décidé. La rencontre, tenue secrète, à l'abri des médias, se tiendra les 25, 26 et 27 février 2004. Le titre sera « Le Sommet international sur la sûreté aérienne », avec comme sous-titre, « Au-delà de nos frontières. Des discussions dans une perspective d'avenir ».

Il fait parvenir une première ébauche du programme à ses vis-à-vis de France, d'Allemagne, d'Italie, du Japon, de Russie, du Royaume-Uni, des États-Unis, d'Australie, d'Afrique du Sud, du Brésil, des Pays-Bas et d'Irlande, la réponse est enthousiaste. S'ajouteront à cette première liste, le représentant d'Israël qui manifeste lui-même le désir de se joindre au groupe après en avoir entendu parler. Le programme de trois jours réunissant donc 14 pays, si l'on compte le Canada, couvre des thèmes reliés aux activités des organismes et comprend des sessions d'échange de points de vue et de mises en commun d'expériences en matière d'équipements et de meilleures pratiques dans le domaine.

La rencontre fut, aux yeux des organisateurs et des participants, un « succès foudroyant ». Des liens personnels ont été tissés, ce qui facilitera à l'avenir l'échange d'information et la coordination d'opérations de sécurité. À cet égard, la contribution de la délégation d'Israël s'est révélée très importante comme exemple d'action concertée entre différents services de police et de renseignement. Les participants ont ainsi appris qu'en Israël, lorsqu'un agent de n'importe quel organisme de sécurité reçoit une information confidentielle, il dispose de trente minutes, qu'elle soit vérifiée ou non, pour en faire part à ses collègues d'autres groupes de renseignement. Israël se considère en guerre constante et ne perd pas d'énergie en des luttes intestines de territoires. Il note également que les agents de contrôle israéliens sont formés non seulement du point de vue technique (fouilles systématiques, maniement d'appareils de détection perfectionnés), mais aussi sur le plan humain. On les incite à être sensibles à des comportements suspects et à rester aux aguets de signes révélateurs d'intentions criminelles. Selon Jacques Duchesneau, il s'agit d'un bel exemple à suivre.

À l'issue des travaux, il a été convenu que les prochaines réunions se tiendraient en Afrique du Sud en 2005 et en Israël en 2006. Jacques Duchesneau a insisté pour que la prochaine fois, des chercheurs universitaires ou des penseurs fassent partie des délégations de tous les pays. Comme il l'a fait avec ses proches collaborateurs, il veut amorcer une réflexion plus vaste en abordant avec eux des enjeux qui vont au-delà de considérations purement sécuritaires. Un des résultats les plus encourageants fut, pour lui, la participation active des pays d'Asie, qui manifestent un appétit d'apprendre et d'échanger égal à leur souci d'être performants en matière de sécurité aérienne. L'accent a été mis sur la gestion du risque, donnant de plus lieu à des échanges d'expériences pertinentes du point de vue technologique.

Sur le plan international, Jacques Duchesneau poursuit la construction de ses canaux de renseignement par d'autres voies. Il rencontre, de façon régulière, des représentants d'Interpol, où il a ses entrées. Logique avec les propositions accompagnant sa candidature au poste de secrétaire général quelques années plus tôt, il défend auprès d'eux un projet d'université internationale de police, sorte d'institution mondiale du haut savoir policier. Jacques Duchesneau a même invité personnellement le secrétaire général d'Interpol, Ronald K. Noble, à venir constater sur place, en compagnie du directeur de la Gendarmerie royale du Canada (GRC), Guilino Zaccardelli, des sites possibles où établir, au Québec, un centre international de formation en sécurité publique.

Il est souvent invité à des colloques internationaux où il est question de sûreté. Dans la nouvelle structure qu'il a mise en place, il a instauré le poste de premier vice-président et chef des opérations, dont la responsabilité première est de s'occuper des activités quotidiennes, se réservant pour lui-même les opérations de réseautage partout dans le monde. Les quatre autres vice-présidents relèvent du premier vice-président. Il s'agit du vice-président et chef des services financiers, du vice-président aux opérations, du vice-président au contrôle de la qualité et du vice-président à la stratégie. La nouvelle structure traduit bien l'orientation que Jacques Duchesneau veut donner à l'organisme. Il l'a doté d'antennes dans toutes sortes de domaines et il veut être à la fine pointe de ce qui existe en équipement, de ce qui se trame en fait d'attaques terroristes et de ce qui s'invente pour les contrer. Il ne veut plus que l'ACSTA soit en mode réaction. Il veut que l'organisme aille au-devant de ce qui peut se produire, de façon à prévenir les catastrophes et à sauver des vies, à l'image de ce qu'il a lui-même voulu toute sa vie.

Pour Jacques Duchesneau, le poste de président et chef de la direction est ainsi divisé en deux. Il a une entente avec son premier vice-président selon laquelle il y a toujours l'un des deux qui est présent en cas d'absence de l'autre. Des réunions sont tenues à chaque semaine, réunissant le comité de direction composé du président, du premier vice-président, des quatre vice-présidents, du chef de cabinet et de la directrice des affaires juridiques. Un comité de gestion comprend par ailleurs le comité de direction augmenté des 13 directeurs, se rapportant aux quatre vice-présidents. Ce comité de gestion se réunit toutes les deux semaines. Il ne néglige pas l'aspect plus administratif qui est fort important dans toute agence gouvernementale, où les rapports réguliers de toutes sortes doivent être produits à des dates réglementaires. La nouvelle structure organisationnelle en tient compte.

Les effectifs de l'ACSTA, qui étaient de 30 personnes en 2002, sont maintenant de plus de 220 personnes en poste à Ottawa, de 30 directeurs régionaux répartis à travers le Canada et de 4400 agents de contrôle engagés par des agences de sécurité avec lesquelles l'ACSTA fait affaire. Les contrats d'engagement, les contrôles financiers et comptables et les transactions avec les fournisseurs se font au siège social d'Ottawa.

Cette structure extrêmement complexe n'est manifestement plus orientée vers le transport, mais vers la sûreté, si on la compare à celle qui était en place en 2003[1]. Un changement de mentalité spectaculaire s'est produit, que renforce la réorganisation des activités de fonctionnement telle que l'a voulue Jacques Duchesneau. Le contrôle de la qualité, la gestion du risque, les communications et les analyses stratégiques ont pris le pas sur les aspects techniques, qui demeurent, mais qui sont maintenant au service de la mission de prévention qu'a donnée Jacques Duchesneau à l'ACSTA. Les priorités ont été inversées. Une culture de sûreté, de renseignement et de résultats s'est implantée petit à petit, mais sûrement. Cette évolution spectaculaire n'avait sûrement pas été prévue lorsque le premier président du conseil d'administration a signé le contrat d'engagement de Jacques Duchesneau comme président et chef de la direction.

---

1. Voir les annexes 8 et 9.

Chapitre XV

Oser, risquer, agir… à l'international

En allant chercher ses armoiries personnelles, Jacques Duchesneau a choisi une devise: *Oser, risquer, agir.* Normalement, une devise sert de guide pour l'avenir. Dans le cas de Jacques Duchesneau, force est de constater qu'elle s'est forgée sur le terrain et qu'elle remonte à sa plus tendre enfance.

En fait, son enfance n'a rien eu de tendre. Bien qu'heureuse grâce à l'amour baignant le nid familial, elle a été marquée au sceau de la pauvreté, de l'incertitude et du mépris qu'essuient ceux et celles qui sont au bas de l'échelle sociale. « Spécialiste des déménagements de nuit », toujours sur le qui-vive à cause de propriétaires exigeant leurs loyers sous la menace de l'expulsion, la famille Duchesneau a dû composer avec l'insécurité en développant une agilité de réaction nécessaire à sa survie. Forts de la fierté de ceux qui savent agir en étant solidaires devant l'adversité, ses parents avaient adopté des valeurs qui les aidaient à surmonter l'angoisse du lendemain, et sur lesquelles Jacques Duchesneau a fondé son action. Témoin de l'injustice dont son père et, par conséquent, tous les membres de sa famille ont été victimes, il a vu dans la carrière de policier la meilleure façon de retrouver la solidarité du clan et l'indéfectible loyauté qui sauve. Il y a trouvé un outil sûr pour réparer les torts qui l'avaient révolté et empêcher que des injustices ne se répètent envers d'autres laissés-pour-compte.

En voyant son père se mettre courageusement à blanc, jusqu'à y laisser sa peau pour la survie de sa famille, et en observant sa mère, une « sainte femme », prête à avoir des comportements attendus pour défendre les siens, bec et ongles, il a appris à allier responsabilité et audace. À l'inaction, il préfère l'offensive ; à la faiblesse, il oppose le courage ; devant les conventions, il ose l'imagination. Quant à l'incertitude, il a appris qu'elle était inhérente à la condition humaine. Au lieu de tenter de prévoir l'imprévisible, il sait intimement qu'il vaut mieux se préparer à l'affronter, car à tout moment la menace peut surgir.

Depuis qu'il est en poste à l'Administration canadienne de la sûreté du transport aérien (ACSTA), Jacques Duchesneau a exercé le même type de leadership qu'il avait déployé à la tête du Service de police de la Communauté urbaine de Montréal (SPCUM). Il a regardé autour de lui, le temps de « définir ses combats », ce qu'il appelle *oser*, et est vite passé à l'étape des décisions, c'est-à-dire *risquer*. Il a ensuite structuré son action de façon systématique, à savoir *agir*. Fidèle à ses valeurs et pressé par une urgence intérieure, il a mis en place de solides mesures préventives, ciblant plusieurs volets de front.

À l'ACSTA, l'ennemi est le terrorisme international. Or, le qui-vive, il connaît. Non seulement a-t-il vu de nombreux exemples de gestes criminels, aussi terribles qu'imprévus, dans l'exercice de ses fonctions de policier, et de massacres terroristes sur la scène internationale, à titre de président et chef de la direction de l'ACSTA, mais il a lui-même, en quelque sorte, grandi sur le fil du rasoir. Il a appris très jeune, avec ses parents et ses frères et sœurs, à composer avec l'imprévisible menaçant, et appris avec eux comment s'en tirer. Il n'a jamais oublié.

Aujourd'hui il veut poursuivre sa lutte contre le terrorisme au-delà du Plateau-Mont-Royal, au-delà de Montréal et au-delà du Canada. Il comprend que la seule façon de le contrer avec efficacité sur le plan local est de faire appel à un réseau aussi international que le sont ses ramifications. Bien sûr, il faut décourager les attaques ponctuelles d'avions et les attentats destructeurs de toutes natures qui peuvent se produire n'importe où et à n'importe quel moment, mais il faut aller plus loin et remonter aux racines du mal en s'initiant et en s'attaquant à toutes les formes que peut prendre la mouvance terroriste.

D'une organisation paragouvernementale, aiguillée sur la sûreté du transport des passagers de compagnies aériennes qui transitent par le Canada, Jacques Duchesneau a voulu faire de l'ACSTA un organisme de sûreté, amarré à la lutte mondiale antiterroriste, qui s'inscrit dans une démarche policière internationale. Il suit en cela une logique implacable. Il se plaît à le répéter : « La meilleure façon d'empêcher un attentat dans un avion au Canada est d'envisager une stratégie d'attaque conçue selon une approche mondiale. » Comme il l'explique clairement, un avion qui arrive dans un aéroport canadien peut provenir de partout au monde ; la menace terroriste déborde les frontières des pays. La solution au terrorisme international doit donc découler d'une stratégie concertée à l'échelle internationale. C'est sur cet autre palier qu'il veut maintenant se hisser.

Une de ses premières actions comme président et chef de la direction de l'ACSTA a été de tisser des liens avec ses vis-à-vis d'autres organismes de sûreté du transport aérien ailleurs dans le monde. Après la première rencontre à Montebello en février 2004, conçue et organisée à son initiative, d'autres ont suivi. En février 2005, l'Afrique du Sud a été l'hôte d'une deuxième conférence à Pilanesburg, au cours de laquelle un spécialiste d'al-Qaïda, Rohan Gunaratna, originaire du Sri Lanka, a été invité à faire un exposé de ses dernières recherches[1], répondant en cela au souhait exprimé par

1. Rohan Gunaratna est directeur de l'International Center for Political Violence and Terrorism Research et de l'Institute of

Jacques Duchesneau d'amener les débats au-delà de considérations immédiatement sécuritaires. À cette occasion, un autre pays s'est ajouté au groupe, le Kenya, portant ainsi le nombre à 15. La rencontre suivante s'est tenue en Israël, en février 2006, avec comme hôte monsieur Marc Sageman. La prochaine aura lieu au Japon en 2007. Entre-temps, un réseau intranet sécurisé a été construit, permettant aux membres de se consulter en tout temps sur des sujets d'actualité, de se sensibiliser réciproquement à des menaces en cours ou de s'échanger des renseignements pertinents, le cas échéant.

En opérant le virage sûreté pour l'ACSTA, Jacques Duchesneau s'est donné une fenêtre donnant sur l'univers de la lutte mondiale antiterroriste. Il a su saisir et créer les occasions de se faire connaître avantageusement dans ces nouveaux cercles d'influence où il est en train de se tailler une place enviable. Il est maintenant à même de voir venir les possibilités d'apporter sa propre contribution à ce niveau, et on peut compter qu'il les choisira avec soin.

Une des dernières offres qu'il considère intéressantes est venue du conférencier Rohan Gunaratna, qu'il a rencontré lors de la dernière réunion de Pilanesburg. Comme les deux hommes partagent la même perspective sur leur lutte commune, Gunaratna lui a proposé de faire partie d'un observatoire de lutte antidrogue que le président Amir Karzaï a mis sur pied en Afghanistan. Fort de son expérience à l'escouade

---

Defence and Strategic Studies de Singapour ; il est *senior fellow* du Combating Terrorism Center de l'Académie militaire américaine de West Point, et professeur honoraire de l'International Policy Institute for Counter Terrorism en Israël. Il est titulaire d'une maîtrise de l'Université Notre-Dame aux États-Unis et d'un doctorat en relations internationales de l'Université de Saint-Andrews au Royaume-Uni. Il est l'auteur de 10 ouvrages, dont le livre à succès international *Inside Al Qaeda : Global Network of Terror*, publié par Columbia University Press.

des stupéfiants alors qu'il était au SPCUM, Jacques Duchesneau peut apporter de précieuses connaissances sur les façons de faire des trafiquants et des producteurs de la Kyber Pass, une région de l'Afghanistan d'où provenait déjà une grande partie de l'opium servant à fabriquer de l'héroïne vendue à grande échelle sur les marchés mondiaux. Éventuellement basé à Vienne en Autriche, cet observatoire permettra à Jacques Duchesneau d'y trouver et d'y apporter des renseignements pertinents sur les activités terroristes de différents groupes criminels. Il sait, en effet, que beaucoup de ces organisations financent leurs activités par la vente massive de stupéfiants en Occident.

C'est par l'intermédiaire de Rohan Gunaratna que Jacques Duchesneau s'est vu offrir un autre mandat, encore plus stratégique. Le 19 août 2003, le quartier général de l'Organisation des Nations Unies (ONU) en Irak a fait l'objet d'un violent attentat au cours duquel son envoyé spécial, Sergio Viera de Mello, a été tué. Ce tragique incident, qui constituait une première dans l'histoire de l'ONU, a poussé l'organisme basé à New York à mettre sur pied un comité consultatif en matière de sécurité et de contre-terrorisme. Il s'agissait là d'un tournant majeur dans les politiques de l'ONU qui n'avait jamais voulu entreprendre directement des activités de ce type pour ses propres fins.

Autre primeur dans la politique de l'ONU à cet égard, en octobre 2004, à la suite d'un accord entre Kofi Annan et le secrétaire général d'Interpol, Ronald K. Noble, un Bureau du représentant spécial d'Interpol était ouvert, pour une période de trois ans, au siège des Nations Unies. Ulric Kersten, ancien président du Bundeskriminalamt (police judiciaire fédérale allemande), dirige le Bureau d'Interpol qui invite les pays membres à alimenter la base de données de l'organisme sur les documents de voyage volés afin d'éviter que les terroristes et autres malfaiteurs franchissent librement les frontières.

Le nouveau sous-secrétaire général de l'ONU responsable de terrorisme et de sécurité a mis sur pied un Comité contre le terrorisme. Sir David Veness, auparavant responsable des mêmes questions à Scotland Yard, en Angleterre, a été mandaté pour choisir 10 membres provenant de tous les coins de la planète. Il a consulté Rohan Gunaratna sur la composition de ce comité. C'est ainsi que Jacques Duchesneau a été la deuxième personne invitée à faire partie de ce groupe sélect de spécialistes en matière de contre-terrorisme.

Ce mandat comporte une dimension diplomatique indéniable, puisque siègent à l'ONU des pays représentatifs de tous les régimes économiques, politiques, sociaux et surtout, religieux. Pour les pays du monde arabe, les terroristes sont les États-Unis, alors que pour les Américains, les terroristes sont les islamistes. La mission de ce comité sera de formuler une réflexion susceptible d'amener le monde à trouver une solution viable pour contrer le phénomène.

La première tâche sera de définir le problème et, dans un deuxième temps, d'arriver avec des solutions. Chaque membre devra communiquer le fruit d'une réflexion fouillée, qui fait appel à l'expertise de chacun. Spécialiste de l'action policière, du renseignement et de l'action préventive en matière de terrorisme aérien, Jacques Duchesneau a choisi de présenter son point de vue sous la forme d'un acronyme, AGILE, qui a le mérite de s'utiliser autant en français qu'en anglais. *A*, pour *anticiper* (anticipate) ; *G*, pour *garder* (guard) ; *I*, pour *intervenir* (intervene) ; *L*, pour *leçons* (learn) ; et *E*, pour *évoluer* (evolve).

Au-delà du mot AGILE, évocateur d'une approche globale misant sur la souplesse, les cinq composantes, telles que conçues par Jacques Duchesneau, correspondent à une stratégie qui colle comme un gant à sa personnalité. Il faut *anticiper*, c'est-à-dire détecter les signes de menaces afin de se mettre en état d'alerte le cas échéant: avant que le problème n'arrive, il vaut mieux le voir venir de loin. *Garder* se rapporte à la partie prévention et dissuasion, à laquelle s'attache l'ACSTA en matière de transport aérien depuis sa fondation. *Intervenir*, c'est réagir rapidement, au moment où l'événement se produit. Une fois la crise sous contrôle, vient le temps de tirer des *leçons* pour l'avenir et apporter les mesures d'ajustement nécessaires à une réaction encore plus efficace. Finalement, *évoluer* signifie se replier et regrouper à nouveau ses forces afin d'être, le plus rapidement possible, à nouveau en situation de force, prêt à agir. Ce sujet fera l'objet d'un livre qui présente en détail la stratégie de Jacques Duchesneau pour contrer le terrorisme telle qu'il l'a fait valoir à ce nouveau comité de l'ONU.

Par ailleurs, Jacques Duchesneau poursuit toujours ses démarches en vue de l'implantation à Montréal d'une université internationale de haut savoir en techniques policières. Il a confiance que le projet se concrétisera dans un proche avenir.

Jusqu'à maintenant, la carrière de Jacques Duchesneau a été à la fois imprévisible et prévisible. Ponctuée de rebondissements, elle a toujours suivi un fil directeur, celui de la défense des plus démunis face aux criminels. Toujours enthousiaste et souple devant les nouveaux défis qu'il se fixe, Jacques Duchesneau adapte son action au contexte, aux enjeux et aux acteurs qu'il a en face de lui. Tablant sur ses succès et les leçons du passé, il est en mode avenir.

Dans toutes les sphères d'activité, la dimension sécurité est aujourd'hui devenue un incontournable. Les individus, les entreprises et les sociétés doivent maintenant apprendre à en faire une compagne omniprésente et à maintenir l'équilibre toujours précaire entre la sécurité collective et la préservation des libertés individuelles. La donne a changé pour tous et toutes, sauf pour Jacques Duchesneau, pour qui cette réalité est une façon naturelle de vivre depuis qu'il est né. Tant mieux pour ceux et celles qui se réclament de son clan et de son village.

Depuis son enfance et sa jeunesse, le clan de Jacques Duchesneau s'est beaucoup élargi. Il englobe maintenant toutes les victimes d'actes criminels et terroristes, quels que soient les lieux, le moment et les circonstances. Quant à son quartier d'origine, il est devenu le village global dans lequel il se meut avec l'agilité d'un poisson dans l'eau, trouble ou pure, comme le faisait autrefois son père dans les rues du Plateau. Comme lui, il est toujours prêt à oser, risquer et agir en conformité avec ses valeurs et son idéal de vie.

Faits saillants de la vie et de la carrière de Jacques Duchesneau

1949 Naissance à Montréal
1963 Débuts dans les cadets de l'air
1965 Diplôme d'études secondaires, École Le Plateau à Montréal
Cours de leadership (cadets de l'air), camp Borden en Ontario
Commis aux ventes chez Highway Trailers Co.
1966 Visite en Angleterre et en Écosse avec les cadets de l'air
Emploi chez Bell
1967 Cadet-commandant (cadets de l'air), camp du centenaire à Saint-Jean
1967 Devient policier du Service de police de Montréal (SPCUM)
1972 Décès de son père, André Duchesneau
1976 Assigné aux Jeux olympiques de Montréal. Conseiller à l'officier responsable – opération olympique
1978 Naissance de son fils Dominic
1980 Naissance de son fils Jean-Philippe
1981 Baccalauréat ès sciences, Université de Montréal
1983 Enquête et arrestation d'Henri Marchessault

1984 Visite du pape Jean-Paul II. Responsable de la sécurité du pape au parc Jarry

1986 Nommé directeur du district 41

1988 Diplôme de maîtrise en administration publique

1989 Accepté au programme de doctorat en sciences humaines appliquées, Université de Montréal

1990 Nommé directeur régional, région Ouest

1991 Décès de sa mère, Henriette Lauzon

1993 Muté à la Direction des enquêtes spécialisées

1994 Assermenté 6e directeur du SPCUM

1995 Acceptation unanime du projet Police de quartier par le conseil de la CUM

1996 Nommé membre de l'Ordre du Canada

1997 Lancement du premier volet du projet Police de quartier

1998 Implantation du deuxième volet du projet Police de quartier

Tempête de verglas. Mesures d'urgence. Opération survie et Opération appui à la Montérégie

Annonce de sa retraite du SPCUM

Défaite à la campagne électorale à la mairie de Montréal

1999 Candidat du Canada pour le poste de secrétaire général Interpol

2000 Administrateur de la société Datacom

2001 Attentats terroristes aux États-Unis (11 septembre)

2002 Adoption de la Loi sur l'Administration canadienne de la sûreté du transport aérien

Nommé président et chef de la direction de l'Administration canadienne de la sûreté du transport aérien (ACSTA)

2004 Organise la première réunion à Montebello (Canada) de l'Invitational Forum for Security Screening Agency (IFSSA)

2005 Membre de l'observatoire de lutte antidrogue en Afghanistan

Membre du Comité contre le terrorisme de l'ONU

Deuxième réunion à Pilanesburg (Afrique du Sud) de l'IFSSA

2006 Troisième réunion à Tel-Aviv (Israël) de l'IFSSA
Nommé Chevalier de l'Ordre National du Mérite de la France

Annexes

Annexe 1

Armoiries de Jacques Duchesneau

Annexe 2

Article du *Devoir*: « La violence éclate rue Sherbrooke »

25 juin 1968
Par Louis-Martin Tard et Jean-Claude Leclerc

290 arrestations, 43 policiers et 83 spectateurs blessés (dont quelques-uns gravement), tel était tard hier soir, au moment de mettre sous presse, le bilan provisoire d'une violente échauffourée qui a éclaté devant l'estrade d'honneur du grand défilé de la Saint-Jean-Baptiste, rue Sherbrooke.

M. Pierre Bourgault, le président du Rassemblement pour l'indépendance nationale, a été arrêté dans la foule au début de la soirée, placé dans le panier à salade avec des dizaines d'autres manifestants, la plupart blessés soit des coups des policiers soit parce qu'ils avaient été traînés par terre dans le verre fracassé.

L'émeute s'est produite en trois temps, un premier mouvement se produisant avant l'arrivée du premier ministre Trudeau et le début du défilé, le second en plein milieu de la parade aurait fait fuir dans un mouvement de panique tous les dignitaires de l'estrade d'honneur si M. Trudeau lui-même n'avait décidé de résister à ceux qui voulaient l'entraîner hors de l'estrade. Enfin, la bagarre a repris tandis que le défilé terminé, les spectateurs rentraient chez eux.

Au dire des journalistes, le noyau des manifestants était formé de 400 à 500 agitateurs dont certains répandaient des tracts demandant aux Québécois de ne pas voter aujourd'hui et dont certains autres portaient des pancartes aux slogans familiers: « Le Québec aux Québécois », « Trudeau au poteau », et le reste.

À la fin de la soirée, de nombreux citoyens téléphonaient au *Devoir*, qui pour protester contre la violence de la police de Montréal, qui pour protester contre l'audace des agitateurs.

— Clairez-moi ça, les *boys*!

À cet ordre donné par un officier, 15 policiers à cheval, longues matraques à la main, foncent dans la foule et chargent en direction du monument de Louis-Hippolyte Lafontaine où une centaine de jeunes gens agitent des drapeaux fleurdelisés et lancent le slogan: « Le Québec aux Québécois ». Ils sont suivis par des agents casqués eux aussi armés de bâtons. La foule de femmes et d'enfants hurle, courant dans tous les sens. Sur eux, pleuvent des bouteilles qui se brisent au sol. Sur la rue Sherbrooke, dégagée pour le passage du défilé, faisant hurler leurs sirènes, arrivent des voitures de la brigade antiémeute encadrées de motocyclistes.

Des huées s'élèvent. De nouvelles vagues de policiers se lancent à l'assaut des groupes, la main droite armée du gourdin et le bras gauche replié devant leur visage, car les projectiles s'abattent sur eux, toujours des bouteilles, certaines vides, d'autres remplies de peinture blanche ou de térébenthine qui leur brûle les yeux et surtout, anime leur fureur.

De nouvelles sirènes. Ce sont les paniers à salade. De la zone sombre, que rend encore plus tragique l'éclairage violent qui règne autour de la tribune officielle, apparaissent les policiers qui traînent, en les matraquant, des jeunes gens et des jeunes filles au visage souvent ensanglanté. Ils sont brutalement jetés dans les fourgons.

Des policiers blessés, portés par leurs camarades, sont allongés dans les ambulances. Nouvelle charge des chevaux qu'affolent les pétards lancés par les manifestants. La panique est à son comble. Des femmes hurlent, recherchent leurs enfants, d'autres s'évanouissent.

« Ils ont arrêté Bourgault », me crie un jeune homme qui poursuit un policier.

Le leader séparatiste est traîné par les pieds au milieu des éclats de verre qui jonchent le sol. Quatre policiers le jettent dans une voiture qui démarre aussitôt.

Et pendant ce temps-là, semblant tout ignorer de ce qui se passe à un jet de bouteille d'eux, les dignitaires s'installent dans les deux tribunes d'honneur qui se font face.

À la télévision, le commentateur de Radio-Canada paraît frappé de cécité partielle, il ne voit que les drapeaux, que la foule charmante, que les marchands de ballons et de rafraîchissements qu'il décrit avec une verve toute patriotique.

Dix fois, la police doit charger les manifestants qui reforment leurs rangs dans les sous-bois, envoyant des pétards et des projectiles. Dix fois, l'escouade ramène des prisonniers et des blessés ; les portes des fourgons claquent...

Un long roulement de tambour. Encore la police, mais cette fois, elle défile en bon ordre sur la rue Sherbrooke et porte d'inoffensifs instruments de musique. C'est le début du défilé. Un des officiers de police qui a dirigé les commandos de matraquage regarde sa montre :

« Dix heures *sharp* ! » dit-il. Tout est correct.

En effet, l'émeute semble matée. Le premier char passe. Mais encore deux *Alouette* et *Vive la Canadienne*, on entend des cris « Gestapo ! », « Trudeau au poteau ». De nouveau des bouteilles sont lancées sur le cordon de policiers qui a nettoyé la place et conquis de haute lutte la statue de Lafontaine. Et les hommes casqués foncent vers les taillis, et ramènent des jeunes qui hurlent.

« Plus on en arrête, plus il y en a », lance un agent à un de ses collègues.

Il est vrai que l'on n'arrête pas que des séparatistes. Des hommes et des femmes, qui protestent contre la brutalité des policiers, sont frappés et conduits au poste.

La foule a oublié un instant les incidents, car passent les chars chargés de jolies filles. Au coin de la rue Beaudry et de la rue Sherbrooke, un panier à salade coupe le cortège. [...]

À un moment donné, une trouée se fait dans les rangs de la police. Mouvement devant l'estrade d'honneur. Des projectiles, vraisemblablement des bouteilles, tombent dans l'estrade, tout près du premier ministre Trudeau. Le premier ministre disparaît, recouvert par son garde du corps. Des invités fuient à l'intérieur de la bibliothèque avec laquelle l'estrade d'honneur communique.

Le premier ministre Trudeau se relève. Il se lève debout puis, résolument, se rassoit.

Du fond du parc arrive une fumée âcre de vernis brûlé et de bois calciné ; là-bas des voitures, des arbres brûlent. On envoie les cavaliers, qui cette fois brandissent des fouets, ramener le calme.

Et l'homme de Radio-Canada, des adjectifs fleuris plein la bouche, continue à disserter sur le charme des majorettes et la qualité des fanfares. Il n'entend ni les sirènes des ambulances, ni les cris d'effroi, de douleur et de haine.

Et saint Jean-Baptiste, les bras bénisseurs, termine cette soirée, tandis que, vrombissante luciole, l'hélicoptère de la police passe et repasse dans le ciel.

Annexe 3

Discours de Micheline Bouchard : « Jamais plus la profession ne sera la même [1] »

Le 6 décembre 1989, je préside en soirée un dîner-bénéfice aux profits de la Fondation jeunesse 2000, organisme voué à la réinsertion des jeunes dans la société. Après avoir remercié les donateurs pour leur générosité, je souligne l'importance d'aider les jeunes confrontés à des problèmes de violence, de pauvreté et de drogue. Un peu plus tôt, j'apprenais aux nouvelles la tuerie qui venait de se produire à l'École Polytechnique de Montréal.

Devant mon auditoire, j'ai l'audace de suggérer que nous aurions pu éviter ce drame si les jeunes en mal de vivre avaient la possibilité de développer leur confiance en eux et d'assurer leur autonomie. En même temps que je fais ce plaidoyer en faveur des jeunes de 20 à 25 ans, j'ai la rage au cœur qu'un jeune vienne s'attaquer aussi violemment à des étudiantes en génie. Le geste m'atteint profondément parce qu'il vise des femmes, particulièrement des jeunes filles, qui ont choisi d'investir une profession où elles sont encore largement sous-représentées et parce qu'enfin il vient souiller un lieu où j'ai fait mes études il y a vingt-cinq ans alors que, déjà à cette époque, il n'existait aucune

---

1. Source : Article de la revue *Plan : Le mensuel du génie québécois*, avril 1990, p. 18-19.

discrimination. Je crois depuis toujours à la place des femmes dans la profession d'ingénieur. Je suis également convaincue du rôle fondamental des jeunes dans notre devenir collectif. Cependant, le drame qui vient de se produire à Polytechnique me rappelle brutalement qu'il y a encore du chemin à parcourir pour que les deux groupes assument pleinement leur rôle.

Le geste, aussi isolé qu'il soit, est tout de même porteur des valeurs présentes dans notre société. Il existe malheureusement encore des préjugés quant à la place et au rôle des femmes. Est-ce à dire que la profession n'est pas ouverte aux femmes ? Non, ce n'est pas le cas. Au contraire, c'est probablement une des professions qui a su accueillir avec fierté le petit nombre de femmes qui se sont jointes à ses rangs tant à l'université que sur le marché du travail. Les ingénieures qui sont entrées sur le marché du travail, il y a plus de dix ans, ont pu être exposées davantage que leurs jeunes collègues à des situations sexistes, mais sans cesse nous avons repoussé les barrières pour tracer la voie à celles qui nous suivent. La question n'est plus de savoir si les femmes ont leur place au sein de la profession, mais bien comment faire en sorte que notre société élimine les préjugés qui font hésiter les jeunes filles à choisir cette carrière.

Si le meurtrier croyait avoir contribué à l'élimination des femmes en génie, il aura lamentablement échoué. L'effet inverse se produit. Toute la communauté des ingénieurs, ingénieures, étudiants et étudiantes en génie, s'est solidarisée en vue de démontrer à la face du monde que ce geste insensé n'allait pas freiner la venue des femmes en génie. Cette mobilisation est démontrée éloquemment lors des funérailles des victimes. Quelque 250 ingénieures et un nombre aussi impressionnant d'étudiantes en génie portent le foulard blanc au cou pour témoigner leur tristesse et leur appui aux familles, amis et amies des victimes. Un grand nombre de collègues masculins sont également présents aux obsèques. Nous avons tous très mal parce que plusieurs des nôtres sont mortes violemment. Toute la profession est plongée dans un deuil douloureux. Nous sentons un grand besoin de nous serrer les coudes et de passer à l'action pour que leur mort ne soit pas vaine.

Quant à moi, j'ai l'occasion très tôt de passer à l'action. Le soir même du drame, après le dîner-bénéfice, je contacte une amie personnelle, ingénieure et directrice des affaires publiques à l'École Polytechnique, Michèle Thibodeau-DeGuire. Elle vient de vivre l'horreur. Je lui offre de l'aider, et, tout au cours des événements, elle me donne l'occasion de me rendre utile et vient appuyer mes initiatives.

Au lendemain de la tragédie, les médias me contactent pour recueillir mes commentaires. J'accueille avec soulagement cette occasion de crier très haut et très fort ma peine. Je me sens soudainement privilégiée de pouvoir ainsi exprimer publiquement mon désarroi et ma volonté de poursuivre l'œuvre que ces jeunes filles ont contribué à édifier. Il y a tant de gens qui veulent faire quelque chose, se rendre utiles, aider, soulager. L'impuissance alourdit leur peine.

J'ai la chance d'être liée de très près à la communauté des ingénieurs et à l'École Polytechnique. Aussi, j'ai les moyens d'entrer rapidement en contact avec ceux et celles qui sont en mesure de poser les gestes de réconfort et d'encouragement. Un autre groupe d'ingénieures s'offre spontanément pour organiser l'envoi de lettres à toutes les ingénieures du Québec en vue de les inviter à participer massivement aux funérailles et à jouer plus que jamais leur rôle de modèle en portant le foulard blanc à leur cou. L'Ordre des ingénieurs contribue à l'initiative et plusieurs de ses administrateurs nous soutiennent dans cette démarche.

L'Association des étudiants de l'École Polytechnique me contacte pour joindre le mouvement. De la même façon, Claudette McKay-Lassonde, qui fut la première femme présidente de l'Association professionnelle des ingénieurs d'Ontario, offre son aide pour étendre l'initiative à travers le Canada, à partir de Toronto. Nous tissons un gigantesque réseau d'appui au pays qui vient resserrer les liens entre la communauté étudiante et celle des ingénieurs et ingénieures. C'est sur cette nouvelle base fraîchement édifiée qu'émergent diverses initiatives. L'une lancée par l'Association des étudiants de Polytechnique en vue de promouvoir la non-violence et le contrôle des armes au Canada, l'autre parrainée par Claudette McKay-Lassonde pour créer un fonds commémoratif à la mémoire des victimes et dédié à encourager la participation des femmes en génie. Le président de l'Association des étudiants de Polytechnique offre spontanément d'y collaborer. Le Conseil canadien des ingénieurs, qui regroupe 130 000 ingénieurs au pays à travers ses associations constituantes, participe à sa création. La Fondation commémorative du génie canadien prend naissance. L'École Polytechnique est également de la partie avec la création de son propre fonds.

Aujourd'hui, que faut-il conclure du drame de Polytechnique ? Premièrement, qu'il n'y a rien d'acquis dans notre société, qu'il faut continuer à promouvoir les valeurs de respect et d'égalité qui permettront aux femmes et aux hommes de contribuer pleinement au devenir de notre société. Deuxièmement, qu'il y a en ce monde beaucoup de générosité et de bonne volonté qui ne demandent qu'à être canalisées positivement.

Les victimes de l'École Polytechnique ne sont pas mortes en vain. Elles auront permis de rassembler les forces vives de la profession pour promouvoir la venue massive des femmes en génie.

Jamais plus la profession ne sera la même. Nous leur devons ce point tournant de notre histoire.

Micheline Bouchard, ing.

Annexe 4

Article de *La Presse*: « Un homme »

8 janvier 1994
Par André Pratte

Je ne connais pas Jacques Duchesneau. Je l'ai vu pour la première fois hier lors de sa prestation de serment comme directeur de la police de la CUM. Il m'a impressionné. Plus – je ne pensais jamais dire ça d'un policier –, il m'a ému.

« Quand il n'est pas en uniforme, c'est difficile d'imaginer qu'il est policier », disait en arrivant dans la salle une dame qui lui a enseigné il y a quelques années à l'École nationale d'administration publique. Hier, Jacques Duchesneau portait son uniforme des grands jours: casquette, gants, médailles. Pourtant, pendant un moment, tout le monde dans l'assistance a oublié qu'ils avaient devant eux le numéro un de la police de Montréal. Celui qui était là, sur l'estrade, c'était d'abord et avant tout un homme. Un homme sentimental, franc, simple. Un *homme* de classe.

Une classe qui tranchait dans cette cérémonie passablement cucul. Pendant de longues minutes, nous avons eu droit aux parades et aux sparages du « corps d'apparat » de la police – « Corps d'apparat ! À gauche TOUR... nez ! Par la droite ali... GNÉ ! » – et à la musique bien intentionnée mais fausse de la fanfare policière.

L'ennui était mortel jusqu'à ce que Jacques Duchesneau prenne la parole. Il s'est d'abord adressé à ses policiers. Il aurait pu leur dire des banalités, il leur a dit des vérités. Qu'il faudrait faire des changements dans l'organisation du travail. Et qu'ils avaient le devoir d'exécuter leur tâche « dans la dignité ». « Le public peut s'attendre des policiers à ce qu'ils travaillent en accord avec les valeurs sociales et qu'ils lui portent le respect qu'il mérite », a-t-il rappelé aux 4 500 policiers de l'île. C'est effectivement ce à quoi le public s'attend. Demandez-le aux jeunes qui ont été brutalement expulsés du palais du Commerce au mois de mai.

Est-ce un hasard si, déviant de son texte écrit, M. Duchesneau a évité le terme répression, le remplaçant par application de la loi ? Ce choix de mots s'accordait parfaitement au message livré par le ministre Claude Ryan. Celui-ci a souligné que la police doit respecter la loi, et que ce respect « doit se traduire par une très grande réserve dans l'usage de la force ».

Notant que M. Duchesneau jouit de la confiance de ses policiers, M. Ryan l'a invité à user de cette confiance pour les porter « à une vision de plus en plus élevée de leurs responsabilités en matière d'imputabilité et de transparence ». Le nom de Richard Barnabé n'a pas été prononcé, mais tous pensaient à lui.

Et puis Jacques Duchesneau a osé dévoiler une profonde humanité et une étonnante originalité. Il a commencé son message aux policiers en citant George Bernard Shaw. Il a profité de son discours pour parler de l'importance de la famille : « Il m'importe peu qu'il n'y ait qu'un parent, qu'il soit gai, lesbienne, riche ou pauvre, pourvu que ce parent s'occupe de ses enfants. »

M. Duchesneau a terminé en jetant un coup d'œil vers deux fauteuils laissés vides. « Ils sont là pour deux grands absents… » L'homme de 44 ans a eu beau prendre une grande respiration, il n'a pu lire les mots qu'il avait écrits. « Papa et maman, merci », c'est tout ce qui a pu sortir de sa gorge.

Sur sa feuille, c'était écrit: « Ces fauteuils sont là pour deux grands absents, deux amoureux aux cheveux blancs: papa et maman. C'est fou ce que votre bonheur a pu me faire du bien. Vous deux, lorsque j'ai voulu devenir policier, que de sacrifices vous avez faits pour que mon rêve devienne réalité ! Et de là où vous êtes, vous me tendez encore la main. Merci. »

Annexe 5

Article du *Journal de Montréal*: « Le nouveau chef chambarde son service de police »

11 janvier 1994
Par Michel Auger

Diminution de la bureaucratie, plusieurs mutations et l'abolition d'une division.

Le nouveau directeur de la police de la Communauté urbaine de Montréal a amorcé, hier, une vaste campagne anti-paperasserie qui devrait éventuellement amener quelque 500 policiers de plus à combattre le crime.

Comme premier geste concret, M. Jacques Duchesneau a annoncé hier à son état-major la disparition de l'une des quatre divisions de la police, celle de la région est.

Le réaménagement de la carte policière se fera de façon plus accélérée que ce qui avait déjà été prévu par l'administration de l'ancien directeur Alain Saint-Germain.

Éventuellement, M. Duchesneau a annoncé qu'il allait s'occuper à éliminer le plus de bureaucratie possible.

Il vise aussi à réduire le nombre des rapports qu'ont à rédiger quotidiennement tous les policiers.

Sans être trop spécifique, le directeur Duchesneau, qui n'est entré en fonction que vendredi dernier, a laissé entendre que les citoyens allaient peut-être aussi faire leur part pour alléger la tâche des policiers.

Les décisions annoncées hier ne sont que la pointe de l'iceberg des chambardements que les connaissances du directeur prédisent pour la première année de son règne.

D'ici quelques mois, l'on s'attend à ce que M. Duchesneau revoie en profondeur toute la façon dont sont menées les enquêtes criminelles sur le territoire de la CUM.

M. Duchesneau a profité de sa rencontre avec ses proches collaborateurs pour annoncer une liste de 38 mutations au sein de son équipe de direction.

Tous ces changements s'appliqueront à compter de lundi prochain.

Le grand gagnant de cette opération est l'actuel directeur de la région est, M. Claude Rochon, qui devient en quelque sorte le n° 3 de la police métropolitaine et qui serait appelé à moyen terme à devenir le directeur adjoint du service.

Le directeur Jacques Lessard est aussi appelé à augmenter ses responsabilités.

Deux des candidats lors de la dernière course à la direction changent de chaise.

Le principal adversaire de M. Duchesneau, le directeur John Kousik, s'en va à la division nord tandis que le patron de la division centre, M. John Dalzell, s'en va à l'ouest.

M. Yvon Michaud, de la division nord, revient à son ancien poste de direction centre.

C'est le directeur de la division des crimes contre la personne, M. Pierre Sangollo, qui est promu au poste de directeur des enquêtes spécialisées, l'ancien job du directeur Duchesneau.

C'est M. Richard McGinnis qui aura la responsabilité des escouades des homicides et des vols à main armée, tandis que M. André Tessier commandera l'escouade des fraudes, celle des incendies criminels ainsi que les enquêtes sur les vols de véhicules-moteurs.

Denis Paré, un ancien de l'escouade tactique, devient le directeur des services techniques qui regroupent l'escouade technique, le tactique, les escouades de surveillance physique et électronique.

Le directeur Serge Gascon et son adjoint Robert Saint-Jean seront les officiers responsables de la division du crime organisé.

Guy Bernard, qui était l'adjoint de M. Duchesneau jusqu'à la semaine dernière, commandera le district 14 à Saint-Laurent. Le directeur Michel Beaudin sera le patron des relations publiques.

Le directeur Bernard Massé s'occupera du renseignement et de la liaison-sécurité.

Annexe 6

Communiqué du directeur Jacques Duchesneau : « Déclenchement des mesures d'urgence : rôle des policiers du SPCUM – 8 janvier 1998 »

L'état des mesures d'urgence a été décrété par le SPCUM et la Ville de Montréal.

Mobilisation de tout le personnel du SPCUM

- Tous les véhicules doivent être sur la route.
- Aucune absence pour motif personnel ne sera tolérée.

Le premier devoir des policiers est d'être au service des citoyens

Règles d'aide à suivre :

- Effectuer des visites régulières et consignées chez les résidants.
- Aller en priorité dans les endroits les plus vulnérables :
  - résidences pour personnes âgées ;
  - citoyens ayant tendance à s'isoler (personnes handicapées, allophones).
- Être imaginatifs :
  - ne pas rester dans sa voiture à attendre les appels ;
  - faire du porte-à-porte et être partout, près des gens ;

- faire le lien avec les organismes d'hébergement et les commerces.
- On dit partout, sur les ondes, que la police est d'attaque pour offrir du soutien. Les troupes doivent suivre.

Consignes

- Être sévères à l'égard des conducteurs dangereux.
- Redoubler de vigilance dans les quartiers atteints par les coupures d'électricité.
- Taire toutes les statistiques relatives à la criminalité, afin d'éviter l'escalade du sentiment d'insécurité.
- Offrir des conseils de prévention à la population.
- Référer les gens à leur municipalité pour connaître les endroits d'hébergement.

Annexe 7

Aéroports désignés

Région	Aéroport		
Atlantique Total : 18			
	Halifax	Saint-John	St-Anthony
	Charlottetown	Bathurst	St-Leonard
	Fredericton	Charlo	Stephenville
	Gander	Churchill Falls	Sydney
	Moncton	Deer Lake	Wabush
	St-John's	Goose Bay	Yarmouth
Québec Total : 20			
	Pierre-Elliott-Trudeau	Gaspé	Lourdes-de-Blanc-Sablon
	Mirabel	Îles-de-la-Madeleine	Mont-Joli
	Québec	Kuujjuaq	Roberval
	Alma	Kuujjuarapik	Rouyn-Noranda
	Bagotville	La Grande Rivière	Sept-Îles
	Baie-Comeau	La Grande – 3	Val-d'Or
	Chibougamau/ Chapais	La Grande – 4	

Ontario Total : 15			
	Ottawa	Toronto (centre mun.)	North Bay
	Toronto (Pearson)	Windsor	Sarnia
	London	Hamilton	Sault-Ste-Marie
	Sudbury	Kingston	Timmins
	Thunder Bay	Kitchener-Waterloo	Toronto/Buttony
Prairies et Nord Total : 16			
	Calgary	Whitehorse	Lethbridge
	Edmonton	Yellowknife	Lloydminster
	Winnipeg	Brandon	Medicine Hat
	Iqaluit	Fort McMurray	Prince Albert
	Regina	Grande Prairie	Thompson
	Saskatoon		
Pacifique Total : 20			
	Vancouver	Comox	Prince Rupert
	Kelowna	Cranbook	Quesnel
	Prince George	Dawson Creek	Sandspit
	Victoria	Fort St. John	Smithers
	Abbotsford	Kamloops	Terrace
	Campbell River	Nanaimo	Williams Lake
	Castelgar	PentictonOttawa	

Annexe 8

Organigramme de l'ACSTA en 2003

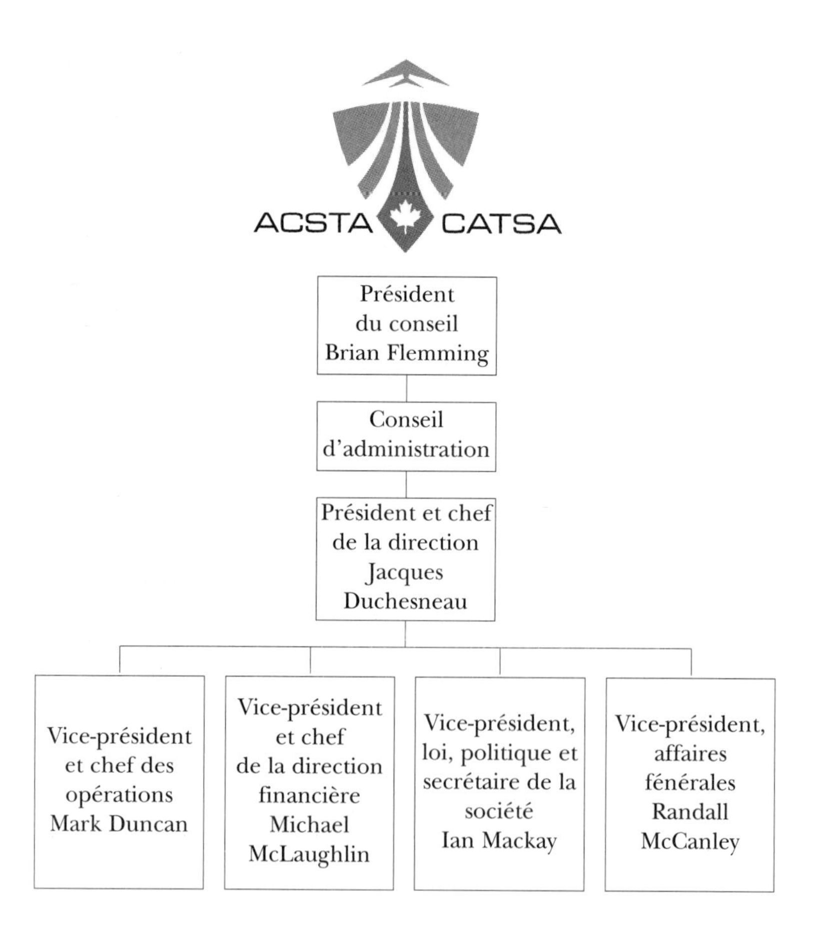

Employés au bureau central : 112
Gestionnaires régionaux : 13

Annexe 9

Structure fonctionnelle de l'ACSTA en 2004

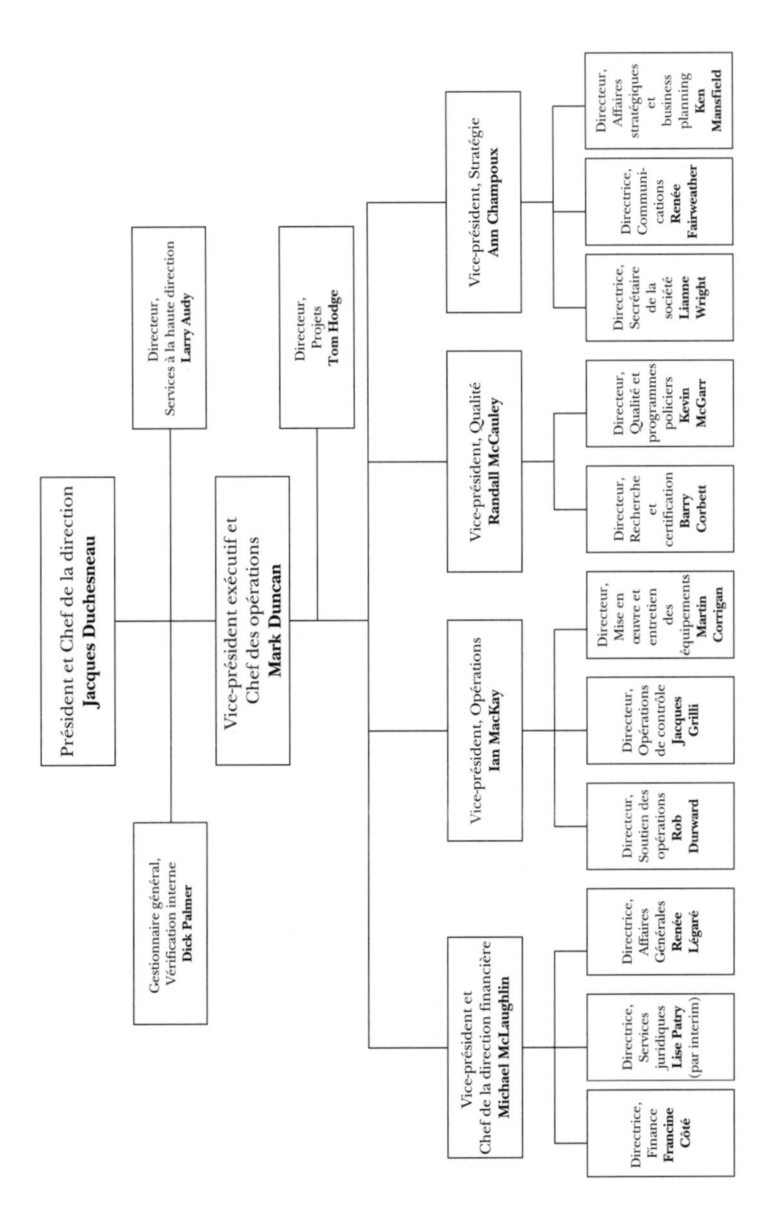

Annexe 10

Stratégie des pelures d'oignon

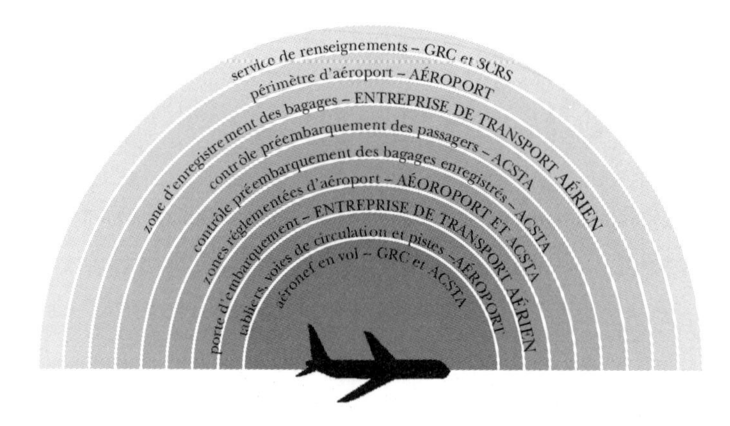

Source : Rapport annuel 2003 de l'ACSTA, p. 11.

Annexe 11

Article de *La Presse*: « Le management de la peur et de la terreur »

21 mars 2005
Par Laurent Lapierre et Jacqueline Cardinal[1]

Le 11 septembre 2001 a marqué le début d'une ère de *terreur* dont le monde ne se remet toujours pas. La sécurité a envahi les aéroports, mais aussi les édifices à bureaux, les institutions publiques et tous les lieux d'affaires. Les gestionnaires doivent maintenant veiller à mettre en place des mécanismes de sécurité et à établir des partenariats pour contrer les risques liés à la protection de leurs données, de leurs installations, de leur personnel, de leurs clients. Mais avant tout, ils doivent changer leur façon de penser.

Pour nous inspirer, nous avons demandé à Jacques Duchesneau, directeur de l'Administration canadienne de la sûreté du transport aérien (ACSTA) depuis octobre 2002, comment il voyait la sécurité dans son métier. L'organisation est responsable de la sécurité dans 89 aéroports désignés par le gouvernement du Canada.

1. Cet article a été rédigé à partir d'une entrevue accordée par Jacques Duchesneau dans ses bureaux d'Ottawa, le 4 mars 2005.
Jacqueline Cardinal est professionnelle de recherche à la chaire de leadership Pierre-Péladeau de HEC Montréal et Laurent Lapierre en est le titulaire.

Jacques Duchesneau s'y connaît en « sûreté ». Directeur du Service de police de la Communauté urbaine de Montréal de 1994 à 1998, il est à l'origine de la police de quartier, qui s'attaquait à la fois à la criminalité et à la peur de la criminalité. Dans ses nouvelles fonctions de président de l'ACSTA, il fait l'analogie entre les deux situations.

« À l'époque de la guerre des motards, il y avait 188 bandits qui terrorisaient des millions de personnes, dit-il. La police a réussi à en mettre 184 derrière les barreaux. Aujourd'hui, quelques milliers de terroristes d'al-Qaïda font trembler six milliards d'êtres humains. On peut réussir là aussi à les neutraliser et à vaincre la peur, mais ce sera par d'autres moyens. »

Au lieu de s'en tenir à une attitude de réaction, Jacques Duchesneau opte pour une stratégie orientée vers l'action, qu'il assoit sur quatre piliers :

1) Détecter

Il y classe toute la dimension du renseignement qui recueille des données sur les activités des groupes terroristes locaux et internationaux.

2) Dissuader

Toutes les mesures de sécurité mises en place dans les aéroports en sont la base.

3) Réagir

Un plan d'urgence est prévu et peut rapidement être déployé pour contenir une attaque éventuelle, prendre en charge les blessés, le cas échéant, et limiter les dégâts à la zone et aux réseaux circonscrits.

4) Récupérer

Que les activités normales de l'aéroport visé puissent reprendre le plus rapidement possible.

Le concept des « pelures d'oignon »

Après deux ans et demi en poste à l'ACSTA, Jacques Duchesneau a eu le temps de réfléchir aux moyens de traduire cette stratégie en actions concrètes. Sans diminuer l'importance des dispositifs de détection de métal et d'objets contondants, il prône le concept des « pelures d'oignon », selon lequel les différents systèmes de sécurité des aéroports se relaient pour rattraper les éléments indésirables qui auraient pu se glisser, par inadvertance, à travers une maille de l'un ou l'autre de ces filets superposés.

« Il est impossible de mettre en place un seul système parfaitement étanche. Mais si je couple un système qui est efficace à 60 %, à un autre, également efficace à 60 %, et ainsi de suite par couches successives, je peux arriver à atteindre 99 % d'efficacité. » Il explique qu'aujourd'hui, dans les aéroports, en plus des appareils de détection et des fouilles systématiques, les caméras, les policiers en civil, les chiens pisteurs et d'autres moyens « plus discrets » rendent les lieux très sécuritaires.

Un réseau de renseignement

La deuxième carte dont Jacques Duchesneau dispose est le recours à un réseau de renseignement international. Peu de temps après avoir été nommé à son poste, Jacques Duchesneau a créé des liens étroits avec ses vis-à-vis d'ailleurs dans le monde, car il est convaincu qu'aucun pays ne peut se défendre seul contre les organisations terroristes. En matière de transport aérien, les frontières n'existent pas et il faut que partout dans le monde l'on sache que l'espace canadien est sûr et qu'on s'occupe bien des passagers qui y transitent. Il vise une mise en commun des meilleures pratiques par les agences de sûreté de tous les pays. Jacques Duchesneau s'entretient de plus régulièrement avec des représentants d'Interpol, selon les besoins et les circonstances.

La formation

Le troisième volet touche la formation qui s'adresse non seulement aux agents qui relèvent de l'ACSTA, mais à tous les corps policiers, à qui on doit enseigner une « nouvelle façon de regarder les choses ». Jacques Duchesneau souhaite que, dans l'exercice de leurs fonctions, les policiers soient constamment aux aguets d'incidences terroristes, même lorsqu'il s'agit de simples infractions au code de la route ou d'interventions pour violence conjugale qui, au premier regard, n'ont rien à voir avec le terrorisme international.

Quant aux employés de l'organisme, ils doivent comprendre que leurs erreurs sont plus lourdes de conséquences que celles de leurs collègues de la fonction publique. Aussi, seront-ils évalués moins sur l'effort que sur les résultats. « Nous devons être efficaces en tout temps alors que les terroristes n'ont besoin que d'être chanceux une seule fois », laisse tomber Jacques Duchesneau.

La communication

Enfin, la dernière dimension, capitale aux yeux du dirigeant, est la gestion de la communication, qui passe avant le déploiement d'équipements de détection, si coûteux et si sophistiqués soient-ils. Il faut, selon lui, faire contrepoids aux médias qui amplifient la *terreur* et suscitent des réactions stériles de panique mondiale en relayant des scènes d'horreur, comme des décapitations d'otages innocents, diffusées en direct sur Internet.

« Il faut que les gens sachent que non seulement nous faisons très bien beaucoup de choses, mais qu'ils soient convaincus que nous faisons les bonnes. »

Jacques Duchesneau insiste également sur la nécessité de mettre en perspective des événements qui sortent de l'ordinaire, mais qui s'expliquent et se contrôlent avec les ressources appropriées. Sans dévoiler de secrets de défense nationale, les gouvernements doivent mettre les citoyens au courant des mesures qui sont prises pour lutter contre le terrorisme en général, et pour assurer la sécurité des aéroports en particulier. La population doit avoir la perception rassurante que les forces de l'ordre et les agences de sécurité font bien leur travail et qu'elle est bien protégée.

Le but ultime est d'arriver à un équilibre viable entre la lutte contre le terrorisme et les enjeux économiques, entre la sécurité la plus blindée possible et la circulation relativement libre des biens et des personnes. Et pour y arriver, il n'y a qu'une façon : il faut s'attaquer de front non seulement au terrorisme, mais en même temps à la peur et à la terreur qu'il suscite.

Cela peut être aussi vrai, toutes proportions gardées, à l'échelle d'une organisation, même petite. Les gestionnaires doivent intégrer cette nouvelle culture de la sécurité. *Le management de la peur et de la terreur* doit d'abord se faire dans la tête du dirigeant.

Annexe 12

Discours de Jacques Duchesneau prononcé à l'Université McGill le 19 février 2004 : « L'ACSTA et l'avenir de la sûreté du transport aérien »

Université McGill – McGill Air and Space Society
19 février 2004
Montréal (Québec)

Introduction

Je suis heureux de me joindre à vous, aujourd'hui, à l'Université McGill et au Air and Space Society. J'aimerais remercier tout particulièrement le professeur Paul Dempsey, directeur de l'Institut, de son aimable invitation.

Ville d'accueil de l'Organisation de l'aviation civile internationale, de l'Association du transport aérien international et de l'Agence spatiale canadienne, Montréal représente très certainement le siège social mondial de l'aviation civile. Et pendant plus de cinquante ans, votre Institut n'a cessé de contribuer de manière exceptionnelle à l'aviation et dans les volets de l'éducation et de l'avancement des connaissances. Vous avez joué et vous continuez de jouer un rôle de première importance pour faire du transport aérien un mode efficace et sûr à l'échelle de la planète. Je tiens à vous féliciter de vos efforts.

Vous êtes des universitaires qui s'intéressent à chaque aspect du droit aéronautique international, notamment la façon dont le droit international peut être renforcé pour protéger le transport aérien contre les menaces de violence et de terrorisme. Nous partageons donc le même objectif, que nous voyons toutefois selon des perspectives différentes. Je remplis les fonctions de président et chef de la direction de l'Administration canadienne de la sûreté du transport aérien (ACSTA), société d'État dont la création s'inscrit dans l'intervention gouvernementale suite aux événements du 11 septembre. Nous avons pour tâche, non pas de débattre ou de peaufiner la loi, mais plutôt de l'appliquer et de mettre en place les mesures nécessaires pour faire en sorte que le transport aérien au Canada soit aussi sûr et aussi fiable que possible.

Au cours des prochaines minutes, j'aimerais aborder avec vous la nature de la menace à laquelle nous sommes confrontés et les défis que pose le terrorisme sur le plan de l'application de la loi dans le secteur aéronautique. J'aimerais vous donner un aperçu des efforts de l'ACSTA dans l'exécution de son mandat et, dans une perspective d'avenir plus ou moins rapprochée, suggérer certaines orientations nouvelles pour la sûreté du transport aérien.

Historique du terrorisme

Les événements horribles du 11 septembre 2001 ont-ils changé le monde ?

À bien des égards, oui. Les citoyens en ont subi l'impact, un impact significatif et terrible. Cela dit, le terrorisme, c'est-à-dire une tentative pour atteindre des objectifs politiques ou idéologiques (notamment la religion) par le recours à la violence ou par la menace d'actes de violence contre des civils, n'a rien de neuf.

Le mot terrorisme lui-même tire son origine de la Révolution française et du régime de Robespierre au cours des années 1793-1794. Les historiens parlent de la politique de terreur qui a été appliquée au cours de cette période pour forcer les citoyens réticents à rallier le nouveau régime. En 1798, l'Académie française en avait élaboré la première définition de terrorisme: « régime de terreur ».

Comme l'a démontré la Révolution et comme l'ont confirmé les événements récents, des gouvernements étaient capables de terroriser leurs propres citoyens.

Au XIXe siècle, le terrorisme est devenu un outil pour des groupes non gouvernementaux. Règle générale, le terrorisme était employé contre des dirigeants nationaux, par exemple l'assassinat du tsar Alexandre II par les révolutionnaires qui représentaient la volonté du peuple russe en 1881, ou encore celui de l'archiduc Ferdinand par un étudiant serbe de Bosnie en 1914, qui a contribué au déclenchement de la Première Guerre mondiale.

Au cours du XXe siècle, le terrorisme international a en grande partie évolué pour dépasser le stade de la politique favorisant délibérément l'assassinat des dirigeants. Il consiste maintenant en la conduite d'attaques aveugles contre les civils afin de démontrer que l'État ne peut pas protéger ses citoyens. Qu'il suffise de penser au Front de libération nationale d'Algérie, aux Brigades rouges italiennes, à l'Organisation pour la libération de la Palestine, à la Faction de l'armée rouge d'Allemagne, à l'Armée républicaine irlandaise.

Profitant de l'éclatement du régime colonial ou d'un appui découlant de la stratégie de la guerre froide, ces groupes ont obtenu des ressources financières, des armes et de l'entraînement, et étaient tout à fait disposés à assassiner des civils innocents, notamment des femmes et des enfants, pour parvenir à leurs fins.

Et pourtant, les autorités policières et les organismes de sécurité de l'Occident sont confrontés à de telles menaces depuis un certain temps déjà et ont réussi, pour la plupart, à les contrer. Même la montée du terrorisme dans le monde, attribuable à des groupes extrémistes religieux comme al-Qaïda, ne modifie en rien la vieille équation. Il ne faut pas oublier que le World Trade Center a déjà été l'objet d'une attaque à la bombe en 1993. On ne peut donc pas nier que, en un sens, les événements du 11 septembre font partie d'une longue histoire et qu'ils ne sont pas survenus comme cela, par hasard.

Conséquences des attaques du 11 septembre

Cela dit, les attaques du 11 septembre représentent un événement marquant à des égards importants, un seuil qui a été franchi sans possibilité de retour en arrière. Avec les attaques perpétrées contre les tours du World Trade Center, le Pentagone et le vol 93 de United Airlines, la réalité du terrorisme a montré son visage terrible directement aux États-Unis et s'est insinuée dans la conscience des Américains. Les pertes en vies, pratiquement 3 000 personnes tuées, ont été sans précédent et d'une abomination inexprimable.

Le déclenchement d'attaques à première vue sélectives contre des civils a fait que des millions de personnes se sont immédiatement senties menacées. Mais les tactiques utilisées ont été planifiées et exécutées soigneusement :

- Avant le 11 septembre, rien d'exagérément illégal n'avait été fait.
- Les armes utilisées par les terroristes étaient des objets courants.
- Ils ont utilisé des éléments physiques à leur avantage, comme une capacité en passagers peu élevée et une très forte quantité de carburant à bord.
- Les équipages n'avaient pas de formation pour les combats au corps.

Les attaques ont révélé la vulnérabilité des infrastructures essentielles, tant gouvernementales que civiles, et ont démontré que l'économie et tous les aspects de l'interaction sociale peuvent être facilement bouleversés. Elles ont démontré la haine implacable que nourrissent les terroristes. La haine pour les États-Unis. La haine pour toutes les sociétés libres et démocratiques. Cette haine mortelle qui pousse les terroristes à s'éloigner de la table des négociations, qu'ils préfèrent faire sauter, quitte à mourir eux-mêmes du même coup.

Les attaques du 11 septembre et l'industrie du transport aérien

L'industrie du transport aérien est probablement le secteur qui a le plus souffert des attaques du 11 septembre. Les compagnies aériennes, il va sans dire, composent avec la réalité du terrorisme depuis longtemps.

Dans un article paru récemment, le professeur Dempsey présente des faits rigoureux se rapportant aux détournements d'avion et à d'autres formes de terrorisme aérien qu'ont utilisés les faibles, du point de vue militaire, pour atteindre des buts politiques au détriment des innocents[1]. Selon le professeur Dempsey, les détournements d'avion ont de loin représenté la principale menace pour la sûreté des aéronefs pendant presque toute l'ère moderne du transport aérien commercial (dont il situe les débuts en 1948). Par exemple, entre 1967 et 1976, 385 détournements d'avion se sont produits. Toutefois, suite aux terribles attentats à la bombe contre un vol d'Air India en 1985 et un vol Pan Am au-dessus de Locherbie (Écosse) en 1988, les actes de sabotage étaient maintenant au centre des préoccupations en matière de sûreté.

Encore une fois, les détournements d'avion et les actes de sabotage n'avaient rien de neuf. Mais le 11 septembre, ces deux activités se sont combinées : quatre

1. Paul Dempsey, « Aviation security : The role of law in the war against terrorism », *Columbia Journal of Transnational Law*, vol. 41, n° 649 (2003), p. 651-652.

avions ont été détournés en même temps et ont servi au déclenchement d'attaques contre un nombre considérable de civils.

Ces événements ont démontré la très grande vulnérabilité du transport aérien par rapport à des terroristes acharnés, même ceux qui utilisent des équipements aussi banals que des couteaux X-Acto. La crainte et la panique que ces personnes ont semées ont pratiquement provoqué l'effondrement de l'industrie, dont les pertes entre le 11 septembre 2001 et la fin de 2002 ont été de 25 milliards de dollars américains, sans parler des 270 transporteurs aériens qui, à l'échelle de la planète, continuent d'enregistrer des milliards de dollars en pertes annuelles dues en grande partie à la chute du trafic international. Selon les estimations, ce n'est pas avant 2005 et même 2006 que le nombre des usagers des services aériens reviendra aux niveaux antérieurs, à présumer qu'aucun autre événement ne surviendra d'ici là.

De plus, les dommages ne se sont pas limités à l'industrie du transport aérien et au secteur des transports.

Encore une fois, dans son document, le professeur Dempsey avance que même si le secteur du transport figure pour probablement 20 % du PNB des États-Unis, c'est lui qui fait tourner l'autre 80 % de l'économie.

Selon le professeur Dempsey, les États-Unis dépendent lourdement (il parle de besoin insatiable) de l'aviation commerciale comme principal mode de transport des passagers entre les villes[2]. Le peu d'empressement du public à utiliser l'avion provoque des conséquences économiques désastreuses.

De toute évidence, les compagnies aériennes sont une cible de choix pour les terroristes. Leur valeur symbolique élevée ne représente-t-elle pas le summum de l'innovation technologique et de la prospérité moderne ? Les occasions sont nombreuses. Chaque jour, en Amérique du Nord, 25 000 aéronefs commer-

---

2. *Ibid.*, p. 656-657.

ciaux décollent dans plus de 500 aéroports avec, à bord, plus de 2 millions de passagers. Donc, pour les terroristes, les occasions de mettre les systèmes de sécurité à l'épreuve sont innombrables. En cas d'échec, ils n'ont qu'à s'organiser pour recommencer. Et recommencer encore. De fait, selon des rapports, c'est justement ce qu'ont fait les terroristes. Ils ont vérifié le système avant de déclencher leur attaque mortelle. Au cours de l'été 2001, James Wood se trouvait à bord d'un avion qui faisait la liaison Boston–Los Angeles, lorsque quatre individus ont attiré son attention. Il a signalé leurs agissements suspects aux agents de bord et à la police. Les autorités n'ont fait aucun suivi. Ces mêmes individus se trouvaient à bord des avions qui ont semé la destruction en septembre. Tout ce qu'il faut, c'est une seule tentative fructueuse.

Cela dit, le personnel responsable de la sûreté aérienne ne peut pas se permettre de procéder par essais et erreurs. Il doit être efficace à tous coups, à tous les niveaux.

Ce que nous faisons actuellement à l'ACSTA

Comme je l'ai déjà mentionné, l'ACSTA est un organisme fédéral réglementé par Transports Canada. Nous avons pour mission d'assurer la sécurité du public en protégeant les principaux éléments du réseau de transport aérien. Comment y parvenons-nous ? En appliquant une approche à niveaux d'intervention multiples que j'aime comparer aux nombreuses pelures d'un oignon. Je m'explique.

Les renseignements de sécurité et l'interception représentent le premier niveau d'intervention en matière de sûreté. Des renseignements de sécurité sont recueillis et partagés par des organismes à l'échelle mondiale.

La GRC et le SCRS reçoivent et analysent les risques et l'information, procèdent à des contrôles de sécurité et, si besoin est, interviennent pour prévenir des incidents en matière de sûreté aux aéroports, c'est-à-dire agir avant qu'ils surviennent.

Le périmètre de sûreté à chacun des principaux aéroports du Canada est un autre niveau d'intervention ou, si vous voulez, une autre couche de l'oignon. Le périmètre est protégé par une combinaison de services publics et privés de sécurité, notamment des policiers locaux et fédéraux et des employés des aéroports.

La sûreté au moment de l'enregistrement est le troisième niveau d'intervention. Les compagnies aériennes sont un élément crucial de notre équipe de sûreté. Elles représentent le premier point de contact avec les passagers au moment de l'enregistrement, et ce sont elles qui émettent les cartes d'embarquement permettant aux passagers de se présenter aux points de contrôle.

Mais les compagnies aériennes n'ont plus la responsabilité du contrôle de sûreté proprement dit.

En décembre 2002, l'ACSTA a assumé l'entière responsabilité du contrôle des passagers ainsi que des bagages enregistrés et de cabine. Nous venons d'annoncer l'octroi de nouveaux contrats pour la prestation des services de contrôle de sûreté en notre nom. Pour assurer un système uniforme de contrôle de sûreté à l'échelle nationale, nous avons mis sur pied un programme national de formation à nul autre pareil dans le monde. Les 4 000 agents de contrôle préembarquement ont tous suivi une formation complète, soit pratiquement deux cents heures, presque le double de ce qui est offert aux États-Unis[3]. En outre, nos nouveaux contrats prévoient un programme de versement de bonis qui exigera des fournisseurs de services de contrôle qu'ils atteignent ou dépassent nos seuils prévus en matière de service à la clientèle, d'uniformité de services de contrôle et d'efficacité financière.

3. ACSTA, *Nouvelles*, janvier 2004.

Tous ces aspects sont d'une importance cruciale lorsqu'il s'agit d'assurer le contrôle de plus de 40 millions de voyageurs par année.

Ces agents et leurs employeurs représentent les plus importants fournisseurs de services de l'ACSTA et sont sur la ligne de front de la lutte contre le terrorisme aérien.

Pour vous donner une idée de l'ampleur de leur travail, l'année dernière, ils ont intercepté plus de 600 000 objets à divers points de contrôle au Canada, notamment des couteaux dissimulés dans les souliers des passagers, des couteaux à cran d'arrêt, des bracelets cloutés et du poivre de cayenne.

Pourquoi un programme si complexe ? Il faut toujours se rappeler que, malgré la très grande complexité de nos équipements de détection, les appareils ne pourront jamais effectuer le travail seuls pour assurer la sûreté dans nos aéroports.

Nous ne pouvons nous enfermer dans aucun cocon technologique qui garantira la sécurité et la sûreté de nos aéroports et de nos compagnies aériennes.

Et nous savons tous que les terroristes sont renseignés au sujet de nos technologies. Les terroristes peuvent utiliser divers moyens pour lancer leurs attaques, mais nous avons pour tâche de faire en sorte que notre système de sûreté du transport aérien soit le plus efficace possible.

Il y a d'autres niveaux d'intervention lorsqu'il s'agit d'assurer la sûreté au sol.

Les aéroports et l'ACSTA collaborent afin de prévenir l'accès non autorisé aux zones réglementées. L'ACSTA est en train de mettre en œuvre un programme de contrôle des non-passagers à l'échelle du pays et implantera d'ici peu la carte d'identité de zone réglementée avec éléments biométriques.

Les transporteurs aériens s'occupent du processus d'embarquement et de l'appariement des bagages.

Encore une fois, des aéroports et l'ACSTA travaillent ensemble sur l'aire de stationnement, les pistes d'atterrissage et les voies de circulation.

Nous voici rendus au cœur de l'oignon, au niveau d'intervention le plus important, celui qui est indispensable pour la sûreté, c'est-à-dire l'aéronef et les passagers à bord.

Nous collaborons avec la Gendarmerie royale du Canada (GRC) pour que des agents de sûreté aérienne prennent place à bord de certains vols et de tous les vols à destination de l'aéroport Reagan National à Washington (D.C.). L'ACSTA s'occupe de gérer l'accord contractuel signé avec la GRC pour la prestation de ce service.

Quand on passe d'un niveau d'intervention à l'autre, de l'extérieur de l'aéroport jusqu'à l'aéronef et au poste de pilotage, en passant par la sûreté au moment de l'enregistrement et l'aéroport même, on constate une diminution de la probabilité de réussite de l'intervention et une augmentation de la gravité des conséquences d'une activité terroriste possible. Dans le secteur où nous œuvrons, une intervention rapide est essentielle. Aussi accordons-nous beaucoup d'importance à l'élargissement de nos partenariats et du partage d'information avec les compagnies aériennes, les aéroports, les corps policiers et les groupes de sûreté aux quatre coins de la planète. D'autre part, nous avons mis en place un centre de communications à notre administration centrale, mandaté pour exercer une surveillance opérationnelle sur les principaux points de contrôle au Canada, de telle sorte que nous puissions intervenir rapidement et prévenir ainsi un incident.

La voie à suivre : la technologie et le capital humain

À chaque niveau, nous devons être vigilants et préparés, c'est-à-dire être flexibles et proactifs afin d'avoir une longueur d'avance sur les terroristes, qui sont eux-mêmes très motivés et qui s'adaptent très rapidement à nos mesures de sûreté.

Pour justement garder cette longueur d'avance, quelles sont les prochaines étapes à suivre ?

Beaucoup de technologies nouvelles sont prometteuses et certaines finiront par être intégrées dans nos mesures de sûreté.

Qu'en est-il des systèmes de reconnaissance faciale qui utilisent des bases de données internationales sur les terroristes et d'autres criminels, afin d'identifier les personnes suspectes aux aéroports ? Par exemple, de tels systèmes ont connu un certain succès dans les casinos, et une étude est en cours afin de déterminer leur utilité dans les aéroports ayant des volumes élevés de trafic [4].

Qu'en est-il des commandes de surpassement, destinées à empêcher les terroristes d'éteindre des fonctions d'aéronef essentielles, comme les transpondeurs, les radios ou les enregistreurs de vol ? À l'heure actuelle, ces systèmes peuvent être fermés en cours de vol, mais l'industrie est en train d'examiner des façons de faire en sorte que les signaux continuent d'être reçus d'un aéronef qui a été détourné, ce qui comprendrait l'activation d'un code d'urgence spécial par le personnel de bord sur le transpondeur [5]. Combinées à l'installation de caméras à bord des avions de transport pour la projection d'images vidéo depuis la cabine et le poste de pilotage jusqu'à des organismes de sécurité au sol [6], ces mesures fourniront de meilleurs renseignements aux autorités appelées à intervenir lors d'un incident terroriste à l'avenir.

Une autre possibilité consiste en l'ajout d'un « mode détournement » dans le système d'alarme d'impact actuel à bord des aéronefs.

À l'heure actuelle, les systèmes d'alarme d'impact informent le pilote de la position de son avion par

4. « Tech hope for hijack prevention », CNN. com, 13 septembre 2001.
5. Honeywell Aerospace, présentation Aircraft and Airport Security, diapo 15 : http://www.honeywellaerospace.com/jump.asp?url=http://www.flightsafetyzone.com.
6. « Airline spy cams to thwart hijackers », *Calgary Herald*, 6 février 2004, p. A9.

rapport aux édifices élevés, aux montagnes et à d'autres éléments du relief local, et émettent un signal sonore avant une collision probable. Si cette fonction était intégrée dans la fonction de pilote automatique d'un avion, elle permettrait, en cas d'incident terroriste, de « verrouiller » le système de pilotage de l'appareil à partir de signaux reçus du sol ou du poste de pilotage et empêcherait ainsi le pirate de provoquer un écrasement. Cela dit, le fait d'exclure le pilote de toute maîtrise de l'avion n'est pas sans soulever de vives inquiétudes. Il n'en demeure pas moins que cette technologie mérite d'être examinée afin d'améliorer la sûreté.

L'érection de clôtures virtuelles est une autre technologie qui est en train d'être développée pour accroître la sûreté aéroportuaire. Cette technologie utilise les satellites GPS pour établir des limites invisibles à l'intérieur des aérogares, sur les aires de trafic et les pistes d'atterrissage, afin de s'assurer que seuls les titulaires de cartes avec les habilitations nécessaires ont accès. Toute tentative d'accès par des personnes non autorisées déclencherait le système d'alarme immédiatement. Cette nouvelle technologie pourrait aussi s'appliquer pour protéger l'espace aérien autour d'une communauté ou infrastructure menacée ou à risque élevé.

Les améliorations techniques comme celles dont il vient d'être question contribueraient certes aux efforts déployés pour protéger les aéroports et les aéronefs contre une attaque, mais il ne faut pas entretenir trop d'espoir à cet égard. Après tout, la technologie n'est pas infaillible et finit par être périmée. Finalement, ce sont les agents de sûreté eux-mêmes qui représentent la meilleure défense contre le terrorisme, et l'ACSTA continuera d'accorder beaucoup d'importance à la formation et au perfectionnement des ressources humaines. Selon moi, notre organisation va dans la bonne direction et les Canadiens peuvent avoir confiance en nos compétences et en notre professionnalisme.

Lien entre la sûreté et la sécurité

Permettez-moi de vous entretenir brièvement de deux aspects qui, à mon avis, nécessiteront plus d'attention à l'avenir. Les liens entre la sécurité et la sûreté et entre la sûreté et la vie privée.

Tout d'abord, je vous parlerai de la sécurité et de la sûreté. Nous voyons des situations où un individu réussit à déjouer le contrôle de sûreté et provoque la fermeture et l'évacuation de l'aérogare. Les aéronefs remplis de passagers sont immobilisés au sol, et cela cause beaucoup d'agitation. Les avions qui avaient déjà décollé sont obligés de faire demi-tour et doivent rivaliser avec les aéronefs à l'arrivée pour l'utilisation des pistes, de l'espace dans les aérogares et des équipes au sol.

Cette congestion provoque une véritable crise sur les plans du contrôle de la circulation aérienne, de la sûreté, de la maintenance et du service à la clientèle. Dans le numéro de décembre 2003, le journal *Aviation Security International* posait cette question :

« Finalement, quel est le problème ? L'individu qui a réussi à déjouer la surveillance d'un point de contrôle de sûreté, ou un accident au sol ou dans les airs ? À quel moment une mesure destinée à contrer une menace qui pèse sur la sûreté devient-elle une menace pour la sécurité ? »

Permettez-moi d'ajouter ceci : Combien de temps faudra-t-il attendre avant que des terroristes décident de mettre à l'épreuve les mesures de sûreté dans le seul but de causer la panique, la frustration et la colère dans le public, de miner la confiance dans la sécurité des voyages par avion et de provoquer un écrasement, non pas en faisant exploser une bombe, mais plutôt en causant un accident traditionnel ?

Ce sont les mêmes raisons pour lesquelles nous devons nous assurer que les protocoles de sûreté permettent d'effectuer le contrôle préembarquement des passagers le plus rapidement et le plus efficacement possible. Les files d'attente aux points de contrôle de sûreté sont la cause de mécontentement et n'incitent pas les voyageurs à utiliser l'avion, mais il n'en demeure pas moins que les grands rassemblements de personnes à l'intérieur d'un aéroport représentent une cible possible pour les terroristes. Il est dans l'intérêt de tous que nous prenions des mesures afin de réduire ce risque potentiel.

Sûreté et libertés civiques

Enfin, le lien qui existe entre la sûreté et les libertés civiques, y compris la vie privée, nécessite, il va sans dire, plus d'attention suite aux événements du 11 septembre. Cette question a été beaucoup médiatisée dernièrement, surtout en raison du présumé partage d'information entre les autorités canadiennes et américaines qui a provoqué la déportation d'un citoyen canadien, M. Arrar, en Syrie, et en l'application d'un mandat de perquisition dans la demeure d'une journaliste du *Ottawa Citizen*, Juliet O'Neil.

L'enquête publique qui sera menée essaiera probablement de faire le partage entre la sûreté et les libertés civiques dans une société libre et démocratique comme celle du Canada.

Comment établir un juste milieu, voilà une question essentielle pour ceux d'entre nous qui travaillent dans le secteur de la sûreté du transport aérien.

L'utilisation d'outils comme la biométrie, les cartes intelligentes, les technologies de balayage, les systèmes d'enregistrement et des bases de données, représente une étape importante pour la mise en place d'un environnement sécuritaire aux aéroports. Par contre, leur utilisation n'est pas sans soulever d'importantes questions au chapitre de la protection des renseignements personnels, notamment des questions sur la façon d'utiliser de tels renseignements dans des buts autres que celui pour lequel ils ont été requis.

Voici un autre exemple. Après les événements du 11 septembre, l'aéroport Logan International de

Boston a procédé à une révision de ses systèmes de sûreté et a commencé la formation d'agents de sûreté sur l'utilisation de la reconnaissance de comportement, technique qu'utilisent la police et le personnel de sécurité pour analyser les passagers dans le but de détecter des comportements irréguliers ou suspects, et ainsi identifier ceux qui auraient des intentions malveillantes. L'observation attentive du comportement est la clé. Que considère-t-on comme suspect ? Déambuler dans une aérogare sans bagages, suer alors que le temps est frais, ou même utiliser un téléphone payant. À bien des égards, cela ressemble à de bonnes vieilles tactiques policières !

Cette technique peut sembler prometteuse, mais elle soulève des questions sur les pouvoirs que devraient posséder les autorités pour détenir et interroger des voyageurs pour la simple raison qu'ils utilisent un téléphone payant. En fin de compte, c'est exactement ce qui s'est passé dans le cas d'un avocat de race noire qui était à l'emploi de l'American Civil Liberties Union et qui, selon lui, a été menacé d'arrestation par les autorités de l'aéroport Logan pour simple raison de profilage racial[7].

Dans ce cas-là, la vie privée et les libertés civiques d'une personne sont-elles diminuées ? Existe-t-il une raison justifiable, du point de vue de la sûreté, pour agir ainsi ? Les avantages possibles sur le plan de la sûreté sont-ils suffisants pour justifier un tel comportement dans notre société ?

Je ne crois pas que la sûreté et les libertés civiques, ce qui comprend la vie privée, sont à ce point intrinsèques qu'une augmentation du premier élément amène nécessairement une diminution du second.

La commissaire à la protection de la vie privée en Ontario, Ann Cavoukian, a fait valoir le même point de

---

7. « Marshals at Logan to use behavior pattern recognition », TheBostonChannel.com, 27 janvier 2004.

vue lorsqu'elle a affirmé « qu'il n'y a aucune raison intrinsèque pour qu'une sécurité et une sûreté accrues doivent être réalisées au détriment de la vie privée ». Elle a rejeté l'argument de la situation gagnant-perdant en faisant valoir que « si nous substituons un nouveau principe, c'est-à-dire que la vie privée et la sûreté sont deux éléments complémentaires d'un tout indivisible (et non pas des éléments opposés), nous pouvons procéder à la conception de technologies qui assureront la sécurité du public sans pour autant sacrifier la vie privée[8] ».

Nous devons sans aucun doute être conscients des répercussions des pratiques de sûreté sur la vie privée et faire tout en notre pouvoir pour réduire l'impact. Par exemple, les détecteurs corporels utilisés dans les aéroports peuvent signaler la présence d'armes cachées et d'objets interdits sous les vêtements, mais montrent également le corps nu des passagers.

Une autre technologie encore – l'imagerie holographique 3D, basée sur l'utilisation de techniques de balayage par ondes millimétriques – va exposer les mêmes objets dissimulés, mais non pas le corps lui-même[9]. Nous devons prendre l'habitude de nous demander si nous pouvons répondre à nos besoins en matière de sûreté tout en respectant la vie privée. En outre, quand cela est possible, nous devons utiliser la technique la moins envahissante.

Cette discussion sur le lien qui existe entre la sûreté et la vie privée nous permet de boucler la boucle. En fin de compte, l'ACSTA est un organisme fédéral mandaté pour exécuter le mandat que lui a conféré le Parlement du Canada en utilisant des moyens qui sont conformes à nos lois.

---

8. Commissaire à l'information et à la protection de la vie privée de l'Ontario, *Security technologies enabling privacy (STEPS) : Time for a paradigm shift*, juin 2002, p. 1.
9. *Ibid.*

Nous constatons l'efficacité de ces lois, mais ce ne sont pas nous qui les développons. Il ne nous appartient pas de définir la limite entre la légitime défense des voyageurs contre les terroristes et la violation des libertés civiques.

Cette tâche incombe au Parlement et à la Cour suprême. Il se peut que vous ayez un meilleur point de vue à ce sujet. Mais l'ACSTA a un rôle crucial vis-à-vis du gouvernement du fait que nous sommes sur le terrain et que nous pouvons voir la situation de très près en ce qui concerne les méthodes innovatrices qu'utilisent ou pourraient utiliser les malfaisants. Nous sommes des partenaires au titre de la sûreté aérienne et nous continuerons de travailler avec tous les ordres de gouvernement pour maintenir la sécurité et la sûreté du réseau de transport aérien.

En conclusion, je vous félicite de votre contribution et vous prie de continuer vos recherches et votre enseignement afin de contribuer à faire de l'aéronautique internationale un secteur plus sûr et plus sécuritaire à l'avenir.

Merci.